Celia Sokolowsky

Sprachenpolitik des deutschen Kolonialismus:

Deutschunterricht als Mittel imperialer Herrschaftssicherung in Togo (1884-1914)

Coverphoto: Lehrerseminar in Ho, Deutsch-Togo;
Quelle: Koloniales Bildarchiv, Stadt- und Universitätsbibliothek Frankfurt am Main

Celia Sokolowsky

SPRACHENPOLITIK DES DEUTSCHEN KOLONIALISMUS:

Deutschunterricht als Mittel imperialer Herrschaftssicherung in Togo (1884-1914)

ibidem-Verlag
Stuttgart

Bibliografische Information Der Deutschen Bibliothek

Die Deutsche Bibliothek verzeichnet diese Publikation in der Deutschen Nationalbibliografie; detaillierte bibliografische Daten sind im Internet über <http://dnb.ddb.de> abrufbar.

∞

Gedruckt auf alterungsbeständigem, säurefreien Papier
Printed on acid-free paper

ISBN: 3-89821-329-3

Printed in Germany

Inhalt

Einleitung

"Deutsch spricht wirklich jeder Schwarze, keinen Zuschuß zahlt das Reich" besingt ein Gedicht aus dem Jahre 1907 die deutsche "Musterkolonie" Togo als die "allerbeste" der deutschen Besitzungen auf dem afrikanischen Kontinent. Die Verbreitung der deutschen Sprache in dem kleinsten ihrer afrikanischen "Schutzgebiete" galt den Kolonialherren zu diesem Zeitpunkt als Indikator und Symbol ihrer Macht zugleich, denn hieran glaubte man die Loyalität der Kolonialbevölkerung gegenüber dem Kaiserreich messen zu können und bekräftigte gleichzeitig gegenüber den anderen imperialistischen Konkurrenznationen den Anspruch auf das "deutsche" Gebiet an der westafrikanischen Küste. Der Hinweis auf die Selbstfinanzierung der Kolonie dagegen richtete sich an innenpolitische Gegner des deutschen Kolonialismus, die in den überseeischen Eroberungen nichts als kostspielige Prestigeobjekte des Reiches zu erkennen vermochten.

Togo war die erste und neben Kamerun auch die einzige Kolonie des Deutschen Reiches, in der versucht wurde, die deutsche Sprache massiv unter der autochthonen Bevölkerung zu verbreiten und sie als Umgangs- und Verkehrssprache einzuführen. Doch die Entscheidung des Gouvernements in Lome, Deutsch in Togo zur Landessprache zu machen, war seinerzeit nicht unumstritten: Gerade weil dieser Entschluss als richtungsweisend für die künftige Sprachen- und Kulturpolitik in den deutschen Kolonie verstanden wurde, löste er innerhalb der kolonialpolitischen Elite des Kaiserreichs sowie zwischen den Missionsgesellschaften und der Regierung in Lome eine heftige Kontroverse aus. Das zentrale Argument der Gegner einer Verbreitung des Deutschen unter der autochthonen Kolonialbevölkerung lautete dabei, dass eine solche Maßnahme sich destabilisierend auswirken könnte, da die deutsche Sprache den afrikanischen Untertanen des Deutschen Reiches einen Zugang zum Herrschaftswissen verschaffen sowie die Verbreitung emanzipatorischer Ideen fördern würde.

Als ein echtes Dilemma stellte sich für die Kolonialisten die Frage dar, ob den Interessen des Reiches letztlich durch eine möglichst große oder doch eher möglichst geringe Verbreitung des Deutschen am besten gedient war. Der daraus resultierende sprachenpolitische Zickzackkurs in Togo legt beredtes Zeugnis davon ab, dass sich das Gouvernement mit einer Antwort schwer tat.

Dieses Buch beschäftigt sich mit dem Spannungsfeld widerstreitender kolonialer Interessen, in dem die sprachenpolitischen Entscheidungen in der deutschen Kolonie Togo getroffen wurden. Um zu einer historisch-kritischen Bewertung der Sprachenpolitik des deutschen Imperialismus zu gelangen, muss vor allem der Frage nachgegangen werden, welche gesellschaftliche Funktion der Sprachenverbreitung und dem Deutschunterricht im Kolonialismus zukam. Es soll aufgezeigt werden, wie sich die sozioökonomischen Interessen der deutschen Kolonisatoren in den sprachenpolitischen Debatten und Entscheidungen niederschlugen und wie sich das koloniale Interesse und die Herrschaftsverhältnisse in der Stellung und Gestaltung des Deutschunterrichts manifestierten.

Analysiert wird damit nicht nur ein Aspekt der deutschen Kolonialgeschichte, der in der geschichts- und erziehungswissenschaftlichen Forschung und Fachliteratur bislang nur am Rande behandelt worden ist, sondern die Studie versteht sich auch als ein Beitrag zur Geschichte des Deutschen als Fremdsprache.

Sie ist meines Wissens nach die erste Abhandlung, die sich am Beispiel Togos umfassend und kritisch mit den sprachenpolitischen Auseinandersetzungen und Entscheidungen des deutschen Kolonialismus beschäftigt und dabei die Frage nach den konkreten Bedingungen und der Gestaltung des Fremdsprachenunterrichts im Deutschen einbezieht. Während in Bezug auf Kamerun die Aufgabe, die Geschichte des Deutschunterrichts in der Kolonialzeit zu schreiben, bereits in Angriff genommen wurde,[1] existiert praktisch keine Analyse zum Deutschunterricht im kolo-

---

[1] Ebot Boulleys, *Vera, Deutsch in Kamerun*, Bamberg 1998; Ngatcha, Alexis, *Der Deutschunterricht in Kamerun als Erbe des Kolonialismus und seine Funktion in der postkolonialen Ära*, Frankfurt a. M. 2002.

nialen Togo.[2] Auch eine umfassende Studie zur kolonialen Sprachen- und Kulturpolitik des Kaiserreichs steht noch aus. Der Konflikt um die "Sprachenfrage" ist in einigen Werken zur Kolonialpädagogik und zur Geschichte der deutschen Kolonie dargestellt und untersucht worden,[3] allerdings als ein untergeordneter Aspekt, der zumeist lediglich auf die Differenzen zwischen Missionen und Kolonialregierung um die Beihilfevergabe und Hoheit der Lehrplangestaltung bezogen ist und die Frage nach der Funktion des Deutschunterrichts wie auch die Konflikte innerhalb der kolonialpolitischen Elite in Deutschland und Togo weitgehend ausspart.

Ein einführender Teil, der die ersten zwei Kapitel dieses Buches umfasst, vermittelt zunächst einen Überblick über die historischen und politischen Voraussetzungen des deutschen Imperialismus und die Geschichte der deutschen Kolonie Togo. Er dient dazu, eine Einsicht in die Vorbedingungen und die zentralen Entwicklungen der Kolonie im Bereich von Verwaltung, Wirtschaft und Schulwesen zu erhalten sowie die Interessen der Kolonialherrschaft herauszustellen und in diesem Kontext die Funktion der Kolonialschule zu beleuchten.

Vor diesem Hintergrund wird im darauf folgenden Kapitel die Sprachenpolitik des deutschen Kolonialismus mit besonderem Bezug auf die

---

2 Auch nach umfangreichen Recherchen ist mir nur ein Aufsatz zum Thema bekannt: Coulibaley, Franceline, *L'enseignement de l'allemand a l'époque coloniale allemande au Togo (1884-1914)*, in: Ahadji, V., Glitho, S. und Oloukpona-Yinnon, A. (Hrsg.), *Goethe dans la germanistique ouest-africaine*, Lomé 2000, S.145-156.

3 So bei Adick, Christel, *Bildung und Kolonialismus in Togo*, Frankfurt a. M. 1981, S. 232-251; dies., *Muttersprachliche und fremdsprachliche Bildung im Missions- und Kolonialschulwesen*, in: *Bildung und Erziehung*, 46. Jg., 1993, S. 283-298; Avornyo, Raphael Quarshie, *Deutschland und Togo (1847-1987)*, Frankfurt a. M. 1989, S. 166-172; Erbar, Ralph, *Ein "Platz an der Sonne"? Die Verwaltungs- und Wirtschaftsgeschichte der deutschen Kolonie Togo 1884-1914*, Stuttgart 1991, S. 287-302; Knoll, Arthur J., *Togo under Imperial Germany 1884-1914*, Stanford 1978, S. 108-112; ders., *Die Norddeutsche Missionsgesellschaft in Togo 1890-1914*, in: Bade, Klaus J. (Hrsg.), *Imperialismus und Kolonialmission*, Wiesbaden 1982, S. 180-182; Mehnert, Wolfgang, *Zur "Sprachenfrage" in der Kolonialpolitik des deutschen Imperialismus*, in: *Vergleichende Pädagogik*, 10. Jg., 1974, S. 52-60; Sebald, Peter, *Togo 1884-1914. Eine Geschichte der deutschen "Musterkolonie" auf der Grundlage amtlicher Quellen*, Berlin 1988, S. 495-505.

Situation in Togo untersucht. Dies umfasst eine auf Quellen basierte Analyse der Kontroverse um die "Sprachenfrage", an der sich die Missionsgesellschaften und die kolonialpolitische Elite in Lome und Berlin beteiligten, und der Intentionen, die hinter den sprachenpolitischen Entscheidungen festzustellen sind. Es soll gezeigt werden, wie sich die sozioökonomischen Interessen der Kolonisatoren in der so genannten "Sprachenfrage" manifestierten und wie sich dies in der Stellung der deutschen Sprache und im Ausmaß der Sprachenverbreitung widerspiegelte.

Ein weiterer Hauptteil der Studie ist einer Untersuchung der konkreten Bedingungen und der Gestaltung des Deutschunterrichts in der Kolonie Togo gewidmet. Auf der Grundlage der verfügbaren Quellen wird eine detaillierte und anschauliche Darstellung des Deutschlernens und -lehrens in Togo angestrebt, die eine Sicht darauf ermöglicht, welchen Ausdruck das koloniale Interesse und die sprachenpolitischen Absichten im Fremdsprachenunterricht fanden.

Ein abschließendes Resümee der Untersuchung bietet gleichzeitig einen Ausblick auf mögliche künftige Forschungsfelder und weiterführende Fragen, die sich aus der Studie ergeben.

Für die Bearbeitung des Themas erwies sich ein Studium von kolonialzeitlichen Quellen als unverzichtbar. Die beiden Kapitel zur Sprachenpolitik des deutschen Kolonialismus und der Gestaltung des Deutschunterrichts in der Kolonie Togo stützen sich daher zuvorderst auf Primärliteratur: Artikel und Beiträge aus Kolonial- und Missionszeitschriften, Kongressprotokolle, Nachschlagewerke, amtliche Berichte und Verordnungen, Studien und Statistiken zum kolonialen Schulwesen, Lehrpläne und Schulordnungen sowie autobiografisch geprägte Schriften mit Bezug zur Kolonie Togo. Die jüngst von Adick und Mehnert veröffentlichte Quellensammlung zur deutschen Kolonialpädagogik[4] bedeu-

---

[4] Adick, Christel und Mehnert, Wolfgang, *Deutsche Missions- und Kolonialpädagogik in Dokumenten. Eine kommentierte Quellensammlung aus den Afrikabeständen deutschsprachiger Archive 1884-1914*, Frankfurt a. .M. 2001.

tete eine wertvolle Ergänzung zu den bereits im Kaiserreich publizierten Materialien, ebenso die umfassende Studie zur Geschichte der Kolonie Togo von Sebald,[5] der ausführlich aus den Archivbeständen zitiert.

Adicks Studien zur Kolonialpädagogik, insbesondere *Bildung und Kolonialismus in Togo*, stellen eine wertvolle Sekundärliteratur zur Entwicklung und Funktion des Schulwesens europäischer Prägung im kolonialen Kontext dar, und auch Wolfgang Mehnerts in der DDR veröffentlichten Arbeiten zur Kolonialpädagogik verdienen weiterhin eine kritische Beachtung. Bei der Erarbeitung des historischen Hintergrundes erwiesen sich die Werke von Wehler,[6] Gründer,[7] Sebald, Knoll[8] und Erbar als besonders hilfreich.

---

5 Sebald, a.a.O.

6 Wehler, Hans-Ulrich, *Bismarck und der Imperialismus*, Köln 1969.

7 Gründer, Horst, *Geschichte der deutschen Kolonien*, Paderborn 1985; ders., *Die historischen Voraussetzungen des deutschen Kolonialismus*, in: Hiery, Hermann Joseph (Hrsg.), *Die deutsche Südsee 1884-1914. Ein Handbuch*, Paderborn 2001, S. 27-58.

8 Knoll, *Togo under Imperial Germany 1884-1914*, a.a.O.

1 Historische und politische Voraussetzungen des deutschen Kolonialismus

Eines der auffälligsten Merkmale des deutschen Kolonialreiches ist die relative Kürze seines Bestehens über nur drei Jahrzehnte. Erst 1884, mit deutlicher ‚Verspätung' gegenüber den anderen imperialistischen Ländern, trat Deutschland in den Kreis der Kolonialmächte ein und schied im Zuge des Ersten Weltkriegs (1914-1918) wieder aus, nachdem es seine so genannten Schutz- und Pachtgebiete in Afrika und Asien an die Kriegsgegner verloren hatte.

Obwohl es in den deutschen Staaten frühzeitig interessierte Kreise gab, die Pläne zur Gründung von deutschen Kolonien in Übersee verfolgten, blieben diese Bestrebungen lange erfolglos. Eine in den 1840-er Jahren aufgekommene, erstmals "nationale" Kolonialbegeisterung wurde von Teilen der Presse unterstützt, führte zur Gründung von Kolonialvereinen in zahlreichen deutschen Städten und resultierte in mehreren Initiativen zur Gründung von überseeischen Kolonien. Die konservative Reaktion auf die bürgerliche Revolution 1848 ließ die Absicht, eine deutsche "Weltgeltung" durchzusetzen, jedoch vorerst wieder in den Hintergrund rücken.

Die nationale Einigung und Gründung des deutschen Kaiserreiches in Folge des deutsch-französischen Krieges 1870/71 gab den deutschen Kolonialplänen neuen Auftrieb. Hinzu kam die ab dem Jahre 1873 einsetzende Weltwirtschaftskrise, die allgemein als Überproduktionskrise erkannt und verstanden wurde und zur Forderung nach Schaffung von neuen Absatzmärkten durch koloniale Expansion führte. Ende der 1870-er Jahre hatte die öffentliche Diskussion um die Notwendigkeit überseeischer Expansion voll eingesetzt und im Zuge dessen wurde 1878 der erste übergreifende expansionistische Interessenverband, der "Centralverein für Handelsgeographie und Förderung deutscher Interessen", gegründet, der von hochrangigen Banken-, Handels- und Wirtschaftsvertretern unterstützt wurde.

In der Folgezeit kam es zur Gründung von zahlreichen kleineren Vereinen mit kolonialpropagandistischen Zielen, an deren Spitze sich schließlich der 1882 gegründete "Deutsche Kolonialverein" stellte. In Konkurrenz zum "Deutschen Kolonialverein", dem führende Persönlichkeiten aus Politik, Bildungsbürgertum, Industrie und Handel angehörten, wurde 1884 die "Gesellschaft für deutsche Kolonisation" ins Leben gerufen, deren Mitgliedschaft sich mehrheitlich aus kleineren Gewerbetreibenden, Offizieren und unteren Beamten zusammensetzte und die einen "radikalen Nationalismus und extremen Expansionismus bei gleichzeitigem vulgären Antisozialismus sowie einen pseudo-wissenschaftlichen axiomatischen Sozialdarwinismus und antisemitisch ausgerichteten Rassismus"[9] vertrat. Beide verschmolzen 1887 zur "Deutschen Kolonialgesellschaft" als neuem Dachverband der organisierten Kolonialbewegung, mit der Wochenzeitschrift *Deutsche Kolonialzeitung* als zentralem Sprachrohr. Der Verband zählte auf seinem Höhepunkt am Vorabend des Ersten Weltkriegs etwa 42.000 Mitglieder und war stark im mittelständisch-bürgerlichem Milieu verankert, wenn auch an seiner Spitze adelige Honoratioren standen.

Allerdings trafen die Pläne der Befürworter einer kolonialen Expansion Deutschlands von Anfang an auf die Opposition der Anhänger des Freihandels. Beiden Lagern war gemein, dass sie angesichts der wirtschaftlichen Dynamik, die Deutschland mit Einsetzen der Industriellen Revolution zu entfalten begann, von einer unumgänglichen Expansion des Außenhandels und der deutschen Wirtschaft über die nationalstaatlichen Grenzen hinaus überzeugt waren. Waren die Anhänger der Kolonialexpansion der Auffassung, dass die Vergrößerung des Außenmarktes am sichersten über eine Inbesitznahme von überseeischen Gebieten zu erreichen sei, verließen sich die freihändlerisch orientierten Kreise nach dem Vorbild der amerikanischen Handelspolitik, die unter dem Schlagwort "We want trade not dominion" agierte, auf günstige Handelsverträge, gute Wirtschaftsbeziehungen und die Konkurrenz- und Leistungsfähigkeit der deutschen Industrie.

---

[9] Gründer, *Die historischen und politischen Voraussetzungen des deutschen Kolonialismus*, a.a.O., S. 34.

Reichskanzler Otto von Bismarck, der mächtigste Mann im Kaiserreich, teilte die freihändlerische Position und lehnte zunächst den Erwerb von Kolonien strikt ab, da er von ihnen für das Reich mehr Kosten als Einnahmen erwartete und sie als zu schwere Belastung einschätzte. Bereits 1868 hatte er seine kritische Haltung gegenüber Kolonialprojekten mit dem Hinweis begründet, dass "die Vorteile, welche man sich von Kolonien für den Handel und die Industrie des Mutterlandes verspricht, zum größten Teil auf Illusionen [beruhen]", denn

> "die Kosten, welche die Gründung, Unterstützung und namentlich die Behauptung der Kolonien veranlasst, übersteigen, wie die Erfahrungen der Kolonialpolitik Englands und Frankreichs beweisen, sehr oft den Nutzen, den das Mutterland hieraus zieht, ganz abgesehen davon, dass es schwer zu rechtfertigen ist, die ganze Nation zum Vorteil einzelner Handels- und Gewerbezweige zu erheblichen Steuern heranzuziehen."[10]

Als die französische Regierung im Verlauf des deutsch-französischen Krieges dem Reich 1870 ihre Kolonie Cochinchina mit der Hauptstadt Saigon als Ersatz für Elsaß-Lothringen anbot, bekräftigte Bismarck seine Position: "O! O! Cochinchina! Das ist aber ein sehr fetter Brocken für uns; wir sind aber noch nicht reich genug, um uns den Luxus von Kolonien leisten zu können",[11] und beharrte noch 1881: "Solange ich Reichskanzler bin, treiben wir keine Kolonialpolitik."[12]

Es ist viel darüber gemutmaßt worden, was Bismarck zu seinem politischen Umschwung in der Kolonialfrage veranlasst hat, so dass er 1884 den Übergang von der informellen Freihandelsexpansion zur Gründung von deutschen "Schutzgebieten", ein eigens von Bismarck erfundener Begriff für die deutschen Kolonien, in Übersee einleitete. Hans-Ulrich Wehler hat in seinem Werk *Bismarck und der Imperialismus* überzeugend dargelegt, dass für Bismarcks Entschluss, die Freihandelspolitik

---

10 Otto v. Bismarck an Albrecht v. Roon, 6. Januar 1868, zit. nach: Wehler, a.a.O., S. 191.

11 Zit. nach: Gründer, *Geschichte der deutschen Kolonien*, a.a.O., S. 51.

12 Zit. nach: Ebenda.

zugunsten der formell-staatlichen Kolonialherrschaft aufzugeben, letztendlich vor allem politische und nicht primär wirtschaftliche Motive ausschlaggebend waren.

Einerseits konfrontierte die bereits weit fortgeschrittene koloniale Aufteilung der Welt unter den Großmächten das Deutsche Reich mit der Gefahr, bei Nichtteilnahme am ‚Scramble for Africa' möglicherweise später vom Afrikahandel praktisch ausgeschlossen werden zu können, was die wirtschaftliche und machtpolitische Position Deutschlands gegenüber seinen europäischen Konkurrenten stark geschwächt hätte. Andererseits erhoffte sich Bismarck, einen erfolgreichen Imperialismus auch als Mittel zur Herrschaftslegitimation einsetzen, dadurch den im Zuge der Wirtschaftskrise im Kaiserreich gewachsenen Einfluss der emanzipatorischen Bewegungen allgemein und der sozialdemokratischen Arbeiterbewegung im Besonderen beschneiden und die politische Ordnung in Deutschland insgesamt stabilisieren zu können.

Da nach Wehlers Analyse die innen- und sozialpolitische Motivation eine zentrale Rolle dabei spielte, dass die Führung des Deutschen Reiches vom Freihandel abrückte und sich durch Besitzergreifung von Territorien einen "Platz an der Sonne" in Afrika und Asien zu erobern gedachte, spricht er in diesem Zusammenhang auch vom "Sozialimperialismus":

> "Der Sozialimperialismus erkannte in dem sozialökonomischen Transformationsprozeß, den die Industrialisierung vorantrieb und während der Konjunkturschwankungen schmerzhaft verschärfte, eine tödliche Gefahr für die überkommene Gesellschaftsordnung, die unter dem Anprall der wirtschaftlichen und sozialen Veränderungen zu zerreißen drohte. In der Expansion nach außen glaubte er, ein Heilmittel zu finden, das den Markt erweiterte, die Wirtschaft sanierte, ihr weiteres Wachstum ermöglichte, die Gesellschaftsverfassung damit der Zerreißprobe entzog und die inneren Machtverhältnisse aufs neue stabilisierte."[13]

Die politische Krise des Deutschen Reiches sollte nicht nur durch einen wirtschaftlichen Aufschwung infolge der Eroberung neuer Märkte bei-

---

[13] Wehler, a.a.O., S. 115.

gelegt sondern auch ideologisch und massenpsychologisch bekämpft werden, indem ein auf der Grundlage der Annexion überseeischer Gebiete geschürter Kolonialenthusiasmus als Ventil für die sozialen und politischen Spannungen im Kaiserreich diente und die Aufmerksamkeit von den inneren Problemen im Zentrum des Reiches an die Peripherie ableitete:

> "Vor allem aber der manipulatorische, auf Ersatzbefriedigung zielende Sozialimperialismus strebte danach, die Dynamik der Wirtschaft und der sozialen und politischen Emanzipationskräfte in die äußere Expansion zu leiten, von den inneren Mängeln des sozialökonomischen und politischen Systems abzulenken und durch reale Erfolge seiner Expansion oder zumindest die Steigerung des nationalideologischen Prestiges zu kompensieren."[14]

Nach Wehlers umfassender Analyse handelte es sich beim deutschen Imperialismus um eine im Kern höchst konservative Politik, die den politischen und sozialen Status quo im Kaiserreich erhalten sollte, indem sie das neue koloniale Engagement des Reiches auf Weltebene als Mittel und Ideologie zur gesellschaftlichen Integration in Deutschland einsetzte.

---

[14] Ebenda.

2 Entwicklung der deutschen Kolonie Togo

2.1 Deutsche Aktivitäten an der Togoküste vor der Etablierung einer formalen Kolonialherrschaft

Bereits in der Phase des Freihandels, vor der Übernahme der formell-staatlichen Kolonialherrschaft, waren deutsche Handelshäuser und Missionare an dem westafrikanischen Küstenabschnitt aktiv, der später zur Kolonie Togo werden sollte, und schufen Bedingungen, die die nachfolgende Inbesitznahme als Territorium des Deutschen Reiches und den Aufbau eines Kolonialsystems in dem Land erleichterten.

1847 begann die in Bremen ansässige Norddeutsche Mission ihre Tätigkeit unter dem Volk der Ewe, das an der Goldküste und in Westtogo beheimatet war. Die Missionsarbeit wurde unter anderem durch tropische Krankheiten behindert und zeigte in den ersten Jahrzehnten in Bezug auf ihr eigentliches Ziel der Christianisierung nur wenig Erfolg: So waren 1853 fünf der insgesamt zehn Missionare gestorben, und 1882 gab es nach 35 Jahren Tätigkeit in vier Stationen erst 250 Christen.[15]

Eine Pionierarbeit leisteten die Missionare auf dem Gebiet der ethnologischen und linguistischen Studien. 1856 erschien Bernhard Schlegels Grammatik der Ewesprache, die von Diedrich Westermann 1907 vollendet wurde. Der Missionar Jakob Spieth veröffentlichte auf der Grundlage seiner anthropologischen Forschungen 1906 sein Werk *Die Ewestämme.* Die Erfahrungen der Norddeutschen Mission und ihre Forschungsarbeiten waren nicht nur eine wertvolle Orientierungshilfe für die Kolonialverwaltung in Togo, sondern stellten auch den Beginn einer Schriftlichkeit der Ewe-Kultur dar.

Dem Engagement der deutschen Missionare folgte wenige Jahre später der Handel. Die Bremer Kaufmannsfamilie Vietor, die eng mit der Norddeutschen Mission verbunden war, errichtete 1857 als erstes deutsches Handelshaus eine Niederlassung an der Goldküste und etablierte in den 1860-er Jahren eine feste Schiffsverbindung und einen regen Tausch-

[15] Vgl. Knoll, *Togo under Imperial German Rule 1884-1914*, a.a.O., S. 15.

handel zwischen Bremen und Westafrika. Das erfolgreiche Unternehmen veranlasste die Firma Vietor, weitere Niederlassungen zu gründen, die zum Teil auf dem späteren englischen Kolonialterritorium der Goldküste, zum Teil in der späteren deutschen Kolonie Togo lagen. Auf dem Gebiet des späteren Deutsch-Togo wurde von Vietor erstmals 1874 eine Faktorei in dem Küstenort Anecho[16] eröffnet, es folgten weitere Niederlassungen und Kontore an der Küste in Bagida (1881), Lome[17] (1882) und Dahomey (1883).

Das sich zunehmend etablierende Faktoreiensystem machte den Handel effizienter, da die binnenländischen Exportprodukte an zentralen Küstenpunkten gesammelt wurden und somit eine größere Zahl von Schiffen schneller abgefertigt und der Handel mit der autochthonen Bevölkerung in geregelte Bahnen gelenkt werden konnte.

Neben der Firma Vietor waren 1884, vor der Errichtung der deutschen Kolonialherrschaft, an der Togoküste drei weitere deutsche Firmen, die Hamburger Handelshäuser C. Goedelt, Wölber & Brohm und Max Grumbach & Co., zwei französische Firmen und ein englisches Handelshaus vertreten. Neben ihnen wurde der Handel mit Europa auch von verschiedenen afrikanischen Kaufleuten und Handelsagenten getragen. Die wichtigsten Ausfuhrgüter waren Palmprodukte, während die größte Nachfrage nach Gewehren, Schießpulver, Schnaps, billigen Textilien und Haushaltsutensilien bestand.

Nach britischen Besetzungen an der Goldküste ab Mitte der 1870-er Jahre und der nachfolgenden Einführung von Zöllen, die sich vor allem nachteilig auf den lukrativen deutschen Schnapshandel auswirkten, befürchteten die ansässigen deutschen Händler eine Verschlechterung

---

[16] Anecho trug zu diesem Zeitpunkt noch den Namen Klein Popo (bzw. Popo Pequeño, Little Popo, Petit Popo), eine direkte Übersetzung der afrikanischen Ortsbezeichnung Popo-vi. Die Umbenennung in Anecho folgte später unter deutscher Kolonialherrschaft; der besseren Übersicht halber werde ich bei Ortsbezeichnungen im Text stets die späteren Namen verwenden, die auch in der Karte im Anhang verzeichnet sind.

[17] Damals: Be Beach.

ihrer Handelsposition durch die zunehmende Vormachtstellung der Briten in der Region, zumal viele Mitglieder der afrikanischen Elite im Gebiet Anecho enge Verbindungen nach England unterhielten.

In den Monaten vor der deutschen Inbesitznahme eskalierte der Wettlauf um die Vorherrschaft über die Togoküste. Als der französische Handelsagent und Konsul Cantaloup im Sommer 1883 einen unter den afrikanischen Führern umstrittenen Protektoratsvertrag mit maßgeblichen Persönlichkeiten in Anecho schloss, riefen deutsche Firmen ihrerseits ein deutsches Kriegsschiff zu Hilfe und veranlassten einzelne Häuptlinge, am 5. März 1884 ein Protektoratsgesuch an den deutschen Kaiser zu richten. Die Übereinkunft mit verschiedenen afrikanischen Häuptlingen und die deutsche militärische Präsenz in den Küstengewässern der späteren Kolonie boten schließlich die Möglichkeit, die Handelsinteressen der deutschen Kaufleute formal abzusichern und einen Schutzvertrag mit König Mlapa zu schließen, der die Annexion eines kleinen Küstenstreifens durch das Deutsche Reich bedeutete.

Wie der Historiker Peter Sebald in seiner umfangreichen Studie zur deutschen Kolonialherrschaft in Togo feststellt, waren sich König Mlapa und die führenden Persönlichkeiten der Küstenorte als Vertragspartner der afrikanischen Seite über die Tragweite und letztendliche Bedeutung des Protektoratsabschlusses nicht bewusst:

> "Der Protektoratsvertrag entstand als Ergebnis eines Konsensus zwischen einzelnen afrikanischen Häuptlingen und deutschen Handelsagenten, die ihre jeweiligen ökonomischen Einzelinteressen mit Hilfe politischer Maßnahmen zu verwirklichen suchten. Dabei glaubte jede Seite, die andere übervorteilt zu haben [...]: Die deutschen Handelsagenten [...] sahen ihr Dorado des Freihandels vorerst gesichert, [...] die afrikanischen Häuptlinge der ‚Togodörfer' glaubten mit ihrer Unterschrift die politisch-kommerzielle Oberhoheit über die Küstenorte erhalten und einen afrikanischen Handelskonkurrenten ausgeschaltet zu haben. Hauptnutznießer dieses Konsensus waren jedoch die Kolonialpolitiker in Deutschland, die mit dem – nicht geplanten – Vertrag ein ersehntes Papier zur Legitimation von Ansprüchen gegenüber der britischen und französischen Regierung erhalten hatten. Die Erfüllung der übernommenen Verpflichtungen gegenüber den afrikanischen

Vertragspartnern interessierte sie nur solange, wie sie sich politischen Nutzen davon versprachen."[18]

2.2 Politische und ökonomische Entwicklung der deutschen Kolonie Togo

Die Entwicklung der deutschen Kolonie Togo lässt sich grob in zwei Phasen unterteilen:

Die erste betrifft den Zeitraum, in dem sich die Kolonialherrschaft konsolidierte und der etwa zur Jahrhundertwende abgeschlossen war. Nachdem 1884 zunächst ein kleiner Küstenstreifen unter deutsche Herrschaft gestellt worden war, wurden in den folgenden Jahren Expeditionen ins Inland unternommen, um neue Gebiete und Siedlungen zu annektieren. Dies waren vor allem Forschungsreisen und Handelsexpeditionen, nur im Falle von Widerstand von Seiten der autochthonen Bevölkerung, der hier allerdings vergleichsweise gering und selten war, wurden Militärexpeditionen ausgesandt. Besonders in den 1890-er Jahren kam es zu einem regelrechten Wettrennen zwischen deutschen und französischen Expeditionen um die nördlichen, noch von keiner Kolonialmacht kontrollierten Gebiete. In den Grenzverträgen mit Großbritannien und Frankreich, den anderen Kolonialmächten der Region, wurde in den Jahren von 1897 bis 1902 endgültig das Territorium der deutschen Kolonie Togo festgelegt. Dieses Gebiet umfasste 87.200 Quadratkilometer[19] und eine Bevölkerung von etwa einer Million Menschen.[20]

Die darauf folgenden Jahre bis zum Verlust der Kolonie im Ersten Weltkrieg, die als zweite Entwicklungsphase der Kolonie gefasst werden

---

18 Sebald, a.a.O., S. 47.

19 Obwohl eine der kleinsten Kolonien in Afrika, war das Territorium Togos damit noch größer als die kombinierte Fläche der heutigen deutschen Bundesländer Nordrhein-Westfalen und Niedersachsen.

20 Vgl. *Deutsches Kolonial-Lexikon*, Leipzig 1920, Bd. 3, S. 507 und *Deutsches Kolonial-Handbuch*, Berlin 1909, S. 6. Der *Kleine Deutsche Kolonialatlas* (Berlin 1899) dagegen gibt die Einwohnerzahl Togos mit ca. 2,5 Millionen Menschen an. Die spätere Schätzung scheint jedoch akkurater, auch weil 1899 die Grenzen des Kolonialgebiets noch nicht vollständig festgelegt waren.

können, waren vor allem durch den Ausbau der Infrastruktur und die Erweiterung der wirtschaftlichen Tätigkeit gekennzeichnet. Der wirtschaftliche Aufschwung, den die Kolonie nach der Konsolidierungsphase erlebte, trug entscheidend dazu bei, dass Togo zu Beginn des 20. Jahrhunderts von den Apologeten des Kolonialismus im Kaiserreich in den Rang einer "Musterkolonie" erhoben wurde und als Aushängeschild der deutschen Kolonialpolitik galt.

2.2.1 Die Kolonialverwaltung

Die Regierung Deutsch-Togos war vor allem in den ersten Jahren durch Improvisation gekennzeichnet, da der deutsche Kolonialismus noch über keinerlei Erfahrung bei der Verwaltung überseeischer Gebiete verfügte. 1884 übernahm zunächst Heinrich Randad, ein Handelsvertreter der Firma Wölber & Brohm, die Rolle eines provisorischen Konsuls für das neu erworbene Schutzgebiet, ein Jahr später wurden erste Schritte zum Aufbau einer Kolonialverwaltung unternommen und der kaiserliche Beamte Ernst Falkenthal als Kommissar eingesetzt. 1886 wurde ein Verwaltungsrat für Togo eingerichtet, der unter dem Vorsitz des kaiserlichen Kommissars stand, in dem aber auch Vertreter der deutschen Firmen und Missionen vor Ort als Berater saßen.

Das ursprünglich in Bagida eingerichtete kaiserliche Kommissariat zog 1887 nach Sebe bei Anecho um und 1897 wiederum nach Lome – ein Ausdruck der wechselnden Bedeutung dieser Städte als Handelszentren Togos. Ab 1898 trug der oberste kaiserliche Beamte in der Kolonie den Titel des Gouverneurs.

Parallel zum Aufbau einer zentralen Kolonialverwaltung an der Küste wurden nach und nach regionale Dienststellen im Inland des Protektorats errichtet, um das Hinterland kontrollieren zu können. Die Inlandsstationen dienten sowohl wissenschaftlichen Zwecken wie auch der militärischen Präsenz, Kontrolle der Bevölkerung und somit allgemein der Festigung der politischen und wirtschaftlichen Stellung der Kolonialherrschaft.

Die deutsche Kolonialverwaltung in Togo stützte sich jedoch auch in einem nicht geringen Maße auf die Kollaboration von Teilen der afrikanischen Elite. Die Kolonialherren schlossen mit führenden Persönlichkeiten der autochthonen Bevölkerung Verträge, die den afrikanischen Vertragspartnern ein festes Einkommen wie auch bestimmte lokale Machtbefugnisse zusicherten. Zu den vertraglich festgelegten Aufgaben eines Häuptlings gehörten die Schlichtung von Rechtsstreitigkeiten, das Eintreiben der Steuern, die Aufrechterhaltung der öffentlichen Ordnung, die Förderung des Handels sowie der Bau und die Instandhaltung von Verkehrswegen. Die lokale Verwaltung der Kolonie musste sich vorrangig auf afrikanische Häuptlinge stützen, da sich kaum Deutsche in Togo niederließen. Das tropische Klima und verbreitete Tropenkrankheiten waren die Hauptgründe, warum von deutscher Seite nie eine Besiedlung der Kolonie in Erwägung gezogen wurde. Insgesamt lebten nie mehr als 368 Europäer (davon 320 Deutsche) in Deutsch-Togo.[21]

Kennzeichnend für die deutsche Verwaltung Togos war die Kombination von Methoden der direkten und indirekten Herrschaft. Man stützte sich nur dort auf die traditionellen politischen Strukturen, wo die Häuptlinge kollaborierten und über ausreichende Autorität verfügten, um die koloniale Herrschaftsfunktion ausüben zu können. War dies nicht der Fall, setzte die deutsche Verwaltung ihr geeignet erscheinende und genehme Kandidaten als Häuptlinge ein und förderte somit den Aufstieg einer neuen sozialen Schicht von Afrikanern, die sich an die neue Herrschaft anzupassen verstanden und diese mittrugen.[22] Dies wurde vor allem in Südtogo praktiziert, wo durch die stärkere deutsche Präsenz mehr Kontroll- und Interventionsmöglichkeiten für die deutsche Verwaltung

---

21 Vgl. *Deutsches Kolonial-Lexikon*, a.a.O., Bd. 3, S. 507.

22 Knoll charakterisiert die neu eingesetzten Häuptlinge folgendermaßen: "Chiefs in the south were usually new men who arose through their own abilities rather than as a result of traditional approval. They were often young and commanded little respect from the community elders who continued to wield power. The new men replaced those rulers who had signed the original treaties with the Germans. [...] The criteria for the selection of chiefs seemed to be energy and obedience." (Knoll, *Togo under Imperial Germany 1884-1914*, a.a.O., S. 48.) Zur Funktion der Häuptlinge in der Kolonialverwaltung siehe auch Erbar, a.a.O., S. 51ff.

bestanden, in den Nordbezirken bevorzugte die deutschen Kolonialherrschaft die weniger aufwendige Form der ‚indirect rule'.

2.2.2 Ökonomische Entwicklung Deutsch-Togos

Togo war sowohl vor als auch nach der Etablierung der formalen Kolonialherrschaft für die Deutschen vor allem als Handelsgebiet attraktiv. Landwirtschaftliche Produkte wurden in kaum weiterverarbeitetem Zustand an die Küste transportiert und dort gegen europäische Waren umgeschlagen. Die europäischen Handelsfirmen blieben an der Küste angesiedelt, auch als das Hinterland annektiert worden war und Eisenbahnlinien sowie befestigte Wege ins Inland reichten.

Waren in vorkolonialer Zeit Palmöl und Palmkerne praktisch die einzigen Produkte der traditionellen afrikanischen Sammel- und Agrarwirtschaft, die von der Togoküste aus nach Europa exportiert wurden, so förderten die deutschen Kolonialherren in Hinblick auf die Bedürfnisse des deutschen Marktes die planmäßige Kultivierung von Baumwolle, Mais, Reis, Kautschuk, Teakholz und Kakao.

Anders als in anderen afrikanischen Kolonien (wie z.B. dem deutsch regierten Kamerun oder an der benachbarten Goldküste) wurden in Togo allerdings nur in geringem Rahmen Plantagenwirtschaft und Monokulturen etabliert. Während der Überseehandel in Togo von den deutschen Handelsfirmen dominiert wurde, blieb die landwirtschaftliche Produktion und Inlandsvermarktung der Agrarerzeugnisse zum überwiegenden Teil in den Händen der autochthonen Bevölkerung.

Im Gegensatz zur Plantagenwirtschaft, für die Arbeiter – häufig unter Zwang – rekrutiert und aus ihrer angestammten Subsistenzwirtschaft gerissen wurden und die dadurch zur Entstehung einer entwurzelten Schicht von landlosen Wanderarbeitern führte, verband sich in der in Togo entstandenen so genannten cash-crop-Produktion der zunehmende Anbau von Exportprodukten mit der traditionellen Subsistenzwirtschaft. Ein wachsender Kreis von Bauern wurde sukzessive in eine neue Produktionsweise und den Geldkreislauf integriert, da eine Einnahmequelle in Form von Geld notwendig war, um die Steuern an das Kolonialregime nicht in Form von Arbeit ableisten zu müssen und um die neu entstandenen Bedürfnisse an europäischen Waren, Transportmöglichkeiten, Kommunikationsmitteln und Bildungsangeboten decken zu können.

Die Durchsetzung der cash-crop-Produktion und der Aufstieg des Handel treibenden Bauern bedeuteten für Togo nicht nur einen vergleichsweise ‚sanften' Übergang zur kapitalistischen Produktionsweise und Marktwirtschaft sondern führten auch dazu, dass zumindest ein Teil der autochthonen Bevölkerung am wirtschaftlichen Aufschwung der Kolonie nach der Jahrhundertwende partizipierte und die Grundlage für die Entstehung einer afrikanischen Bourgeoisie bildete.

Die mit dem wirtschaftlichen Aufschwung gewachsenen Einnahmequellen der Verwaltung an Zöllen, Steuern und Abgaben führten dazu, dass die Kolonie ab 1904 ihre laufenden Ausgaben selbst bestritt und nicht mehr auf Reichszuschüsse angewiesen war, um ihr Defizit auszugleichen. Diese ausgeglichene finanzielle Bilanz Togos, die von keinem anderen deutschen "Schutzgebiet" in Afrika erreicht wurde und ansonsten nur von der deutschen Südsee-Kolonie Samoa (ab 1909) vorgelegt werden konnte, brachte Togo im Kaiserreich den Ruf einer "Musterkolonie" ein. Die Selbstfinanzierung Togos wurde gegenüber Kritikern angeführt, um zu beweisen, dass die Kolonien auf lange Sicht sehr wohl "rentabel" werden könnten und es sich nicht nur um kostspielige Prestigeobjekte des Reiches handelte.[23]

Mit der Konsolidierung der Kolonie und dem wirtschaftlichen Aufschwung begann auch der Ausbau der Infrastruktur Togos. 1900 wurde bei Lome eine Landungsbrücke gebaut und damit der erste Hafen an der Togo-

---

[23] Wie Erbar ausführt, bedeutete der Nimbus, "Musterkolonie" des Reiches zu sein, für Togo allerdings eher einen Nachteil: "Nachdem einmal die Unabhängigkeit von den Zuschüssen des Reiches erreicht war, mußte die Kolonie ihren Ruf unter allen Umständen wahren, da sonst die Rentabilität der deutschen Weltpolitik wieder stärker in Frage gestellt worden wäre. Das Ergebnis war ein chronischer Geldmangel der Regierung in Lome und aller ihr untergeordneten Dienststellen." (Erbar, a.a.O., S. 310.)

küste eröffnet. 1905 wurde die erste Eisenbahnlinie entlang der Küste fertig gestellt, ihr folgten 1907 die "Kakaoeisenbahn" von Lome nach Agome Palime und 1913 die "Baumwollbahn" von Lome nach Atakpame. Parallel dazu wurden zahlreiche befestigte Straßen gebaut. Verbesserte Transportmöglichkeiten waren eine wesentliche Vorbedingung für die profitable Ausbeutung der Ressourcen Togos. Mussten anfänglich alle für den Export bestimmten Waren auf von Menschen gezogenen Karren zur Küste transportiert werden (der Einsatz von Pferden war wegen der Anfälligkeit der Tiere für die verbreitete Schlafkrankheit unmöglich), bedeutete der Einsatz der Eisenbahn eine enorme Ersparnis an menschlicher Arbeitskraft und Zeit: So konnte beispielsweise die durchschnittliche Reisedauer von Kpalime nach Lome durch die Bahn von zehn bis fünfzehn Tage auf zwei Stunden reduziert werden.[24]

Andere Investitionen der deutschen Kolonialverwaltung im Bereich der Kommunikationsmittel betrafen den Aufbau von Post- und Telegrafenämtern und einer Radiostation. Ebenso wurde eine Infrastruktur von sozialen Einrichtungen, wie Krankenstationen und Schulen, geschaffen.

Während die Einrichtungen und Verkehrswege zum Teil auch der afrikanischen Bevölkerung zugute kamen, waren jedoch die deutsche Kolonialverwaltung, die deutschen Firmen und Plantagenbesitzer die Hauptnutznießer der verbesserten Infrastruktur. Wurde zur Rechtfertigung des Kolonialismus zwar regelmäßig die "zivilisatorische Aufgabe" des weißen Mannes angeführt, so kann doch kein Zweifel daran bestehen, dass Investitionen in die Infrastruktur der Kolonialländer in erster Linie den Interessen der Kolonialherren an einer Erleichterung der Verwaltung, Erschließung und Ausbeutung des Landes und seiner Bevölkerung, d.h. der Stabilisierung ihrer machtpolitischen Stellung und erhöhten privatwirtschaftlichen Profiten dienten.

Insgesamt stützte sich die Wirtschaft in Togo praktisch ausschließlich auf die Landwirtschaft und den Handel. Eine Industrie zur Weiterverarbei-

---

[24] Vgl. Darkoh, M. B. K., *Togoland under the Germans – Thirty Years of Economic Development (1884-1914)*, Teil 2, in: *The Nigerian geographical journal*, Nr. 11, 1968, S. 158.

tung der Agrarprodukte war kaum ausgebildet.[25] Wenn es Fabriken gab, so stellten sie keine Endprodukte für den deutschen Markt her, sondern bereiteten die Baumwolle, den Sisal oder das Palmöl soweit auf, dass die Naturprodukte unproblematischer nach Europa verschifft werden konnten.

2.2.3 Die Beziehung zwischen den deutschen Kolonialherren und der autochthonen Bevölkerung

Die autochthone Bevölkerung auf dem Gebiet, das im Zuge der Kolonisation Afrikas zu Deutsch-Togo wurde, setzte sich aus zahlreichen Ethnien und Sprachgemeinschaften zusammen, die vom *Deutschen Kolonial-Lexikon* entlang der Sprachgrenzen in neun Gruppen unterteilt wurden.[26]

Die in Südtogo ansässigen ewesprachigen Ethnien standen schon lange vor 1884 mit europäischen Händlern und Missionaren in Kontakt und bereiteten den Deutschen bei der Etablierung ihrer Kolonialherrschaft an der Togoküste keine größeren Schwierigkeiten. Im Zuge des Vorstoßes deutscher Expeditionen ins Hinterland am Ende des 19. Jahrhunderts hingegen leisteten einige Ethnien im Norden, vor allem die Konkomba und Kabre sowie die islamisierten Dagomba und Tyokossi, Widerstand gegen die Annexion ihres Landes. Die Kolonialregierung reagierte hierauf mit Militär- und Strafexpeditionen und konnte aufgrund ihrer militärischen Überlegenheit die rebellischen Stämme leicht unterwerfen.[27]

Nachdem zu Beginn des 20. Jahrhunderts jedoch die "Befriedung" der Nordbezirke abgeschlossen war, nahm Togo eine vergleichsweise ruhi-

---

[25] Vgl. Darkoh, a.a.O., S. 160 und Nußbaum, Manfred, *Togo – eine Musterkolonie?*, Berlin 1962, S. 99.

[26] Für die meisten dieser Sprachgemeinschaften wurden wiederum vielfache Untergruppen festgestellt. (Vgl. *Deutsches Kolonial-Lexikon*, a.a.O., Bd. 3, S. 507f.)

[27] So besiegte am 4. Dezember 1896 eine Truppe von 100 Soldaten und 200 Trägern in der Schlacht von Adibo 7.000 Dagomba-Krieger. Zwischen 1897 und 1900 fanden insgesamt 25 Militärexpeditionen nach Nordtogo statt. (Vgl. Cornevin, R., *Geschichte der deutschen Kolonisation*, Goslar 1974, S. 62f und Gründer, *Geschichte der deutschen Kolonien*, a.a.O., S. 129.)

ge Entwicklung und war kein Schauplatz von Aufständen und Unruhen, wie sie die anderen deutschen Kolonien in Afrika erlebten.[28] Dieser relativ geringe Widerstand gegen die deutsche Herrschaft mag neben der wirtschaftlichen Entwicklung des Landes auch dazu beigesteuert haben, dass Togo von den Fürsprechern der deutschen Kolonialpolitik als "Musterkolonie" präsentiert werden konnte.

Was den rechtlichen Status der autochthonen Bevölkerung betrifft, so galten die Afrikaner zwar als Untertanen des deutschen Kaisers, hatten aber durch die Annexion Togos nicht die deutsche Staatsangehörigkeit und die dazugehörigen Bürgerrechte erlangt, sondern waren "Schutzgebietsangehörige", die zum Teil den traditionellen Rechtspraktiken, zum Teil eigens von der Kolonialverwaltung entworfenen Gesetzen und Verordnungen unterlagen. Während z.B. die Prügelstrafe durch die Märzrevolution 1848 in Preußen abgeschafft worden war, wurde sie in den Kolonien als Disziplinarmaßnahme oder gerichtlich verhängtes Strafmaß eingesetzt. Obwohl sich etliche Missionare und in Einzelfällen auch deutsche Kaufleute und Beamte des Reiches über die übereifrige Verwendung der Nilpferdpeitsche und andere brutale Formen der Züchtigung beschwerten, blieb die Prügelstrafe in Gebrauch als "erzieherisches Mittel", vor allem bei Verletzungen des Dienst- oder Arbeitsverhältnisses.[29]

Auch wenn die afrikanische Bevölkerung in Togo über keine unabhängige Stimme und Interessenvertretung verfügte, fand sie Möglichkeiten, ihre Unzufriedenheit mit der deutschen Kolonialherrschaft zum Ausdruck zu bringen. Zum einen zeigte sich diese in der Abwanderung, vor allem von Angehörigen der höher gestellten Schichten, in benachbarte westafrikanische Kolonien und in die unabhängige Republik Liberia, da sie dort eine bessere Bildung erhalten konnten und/oder den Misshand-

---

[28] So ist es in diesem Zusammenhang auch bezeichnend, dass die Polizeitruppe der Kolonie nur 560 Mann umfasste. (Vgl. Gründer, *Geschichte der deutschen Kolonien*, a.a.O., S. 138.)

[29] Vgl. Norris, Edward Graham, *Die Umerziehung des Afrikaners. Togo 1895-1938*, München 1993, S. 93ff.

lungen durch die Kolonialbehörden entfliehen wollten.[30] Bei besonders schweren Fällen von Misshandlung und Mord kam es vor, dass führende afrikanische Persönlichkeiten eine Beschwerde vor der Kolonialregierung vorbrachten; örtlich wurde Kritik an der willkürlichen Einsetzung von Häuptlingen geäußert und es kam zu Streiks von zur Steuerarbeit gezwungenen Bauern.

Mit fortschreitender Zeit begann sich immer deutlicher eine Opposition gegen die deutsche Kolonialherrschaft herauszubilden und zu artikulieren, auch wenn von einer tatsächlichen antikolonialen Bewegung in Togo unter deutscher Herrschaft keine Rede sein kann.

2.2.4 Zusammenfassung

Zusammenfassend soll noch einmal auf die Beziehung und Wechselwirkung von politischer, wirtschaftlicher und infrastruktureller Entwicklung in der Kolonie hingewiesen werden. Die Konsolidierung der politischen Herrschaft, die sich im Abschluss von Grenzverträgen mit den anderen imperialistischen Mächten der Region, dem Aufbau einer Verwaltungsstruktur im Land und der Niederwerfung von Widerstand der autochthonen Bevölkerung ausdrückte, war die wesentliche Vorbedingung für den nachfolgenden Wirtschaftsaufschwung zu Beginn des 20. Jahrhunderts. Die wirtschaftliche Expansion und der Ausbau der Infrastruktur Togos verliefen nicht nur parallel zueinander, sondern bedingten und verstärkten sich gegenseitig.

---

[30] So heißt es in der *Deutschen Kolonialzeitung*: "Im letzten Jahresbericht z.B. macht die Verwaltung Togos darauf aufmerksam, dass wohlhabendere Eingeborene ihre Kinder nach dem englischen Lagos und Kitta in die sogenannten "high schools" schicken, um denselben eine gründlichere Ausbildung zu gewähren, als sie bei uns gewährt wird." (Barth, C. G., *Über das Schulwesen unserer Schutzgebiete*, in: *Deutsche Kolonialzeitung*, 28. Jg., 1911, Nr. 1, 7. Januar 1911, S. 17.) Auch bei Sebald wird die Unzufriedenheit mit den Bildungsmöglichkeiten in Togo beschrieben. (Sebald, a.a.O., S. 531.) Nußbaum zitiert eine Eingabe deutscher Kaufleute von 1889, die den Weggang afrikanischer Händler in die benachbarte englische Goldküstenkolonie aufgrund von Misshandlungen durch die Kolonialbehörde und die dadurch entstandene "Abneigung der Leute gegen die deutsche Regierung und alles, was damit zusammenhängt" schildern. (Nußbaum, a.a.O., S. 25f.)

Die Tatsache, dass die autochthone Bevölkerung allmählich in die koloniale Wirtschaft integriert wurde, zum Teil am Wirtschaftsboom partizipieren konnte und in wesentlich geringerem Maße als in anderen Kolonien als Arbeitstiere auf Plantagen gezwungen wurde, wirkte sich maßgeblich auf das Verhältnis zwischen Kolonialherren und -untertanen aus. Dies kann aber nicht darüber hinwegtäuschen, dass ein klares Unterdrückungsverhältnis herrschte, in dem den Afrikanern nur so viel Teilhabe zugestanden wurde, wie der deutschen Regierung im Sinne ihres kolonialen Interesse förderlich schien.

Investitionen zur ökonomischen und sozialen Fortentwicklung des Landes wurden von den Kolonisatoren nur getätigt, sofern sie sich einen materiellen Gewinn durch die verbesserte Ausbeutung der natürlichen Ressourcen des Landes versprachen. Die afrikanische Bevölkerung wurde dabei in ihrer Masse primär als billige Quelle einer höchst wichtigen Ressource, der menschlichen Arbeitskraft, betrachtet. Wenn die deutschen Herren ihr Institutionen zugänglich machten und sie partiell an der wirtschaftlichen und gesellschaftlichen Entwicklung teilhaben ließen, so geschah dies in dem Bestreben, die Rentabilität der Wirtschaft und die Stabilität der politischen Herrschaft in der Kolonie zu erhöhen. Dieses Verhältnis zeigt sich auch exemplarisch in der Funktion der Kolonialschule.

2.3 Entwicklung des Bildungswesens europäischer Prägung in der Kolonie Togo

Da die Verbreitung des Deutschen als Fremdsprache in der Kolonie Togo eng mit der Entstehung und Expansion eines Bildungs- und Schulwesens europäischer Prägung in dem westafrikanischen Land verbunden war, soll im Folgenden näher auf die Entwicklung der pädagogischen Institutionen eingegangen werden. Darüber hinaus erlaubt eine Erhebung im Auftrag des Hamburgischen Kolonialinstituts zum Stand des Schulwesens in den deutschen Kolonien aus dem Jahre 1911[31]

---

[31] Schlunk, Martin, *Die Schulen für Eingeborene in den deutschen Schutzgebieten*, Hamburg 1914.

einen Einblick in den Entwicklungsstand und die Struktur des Bildungswesens in den letzten Jahren der deutschen Herrschaft über Togo. Der letzte Abschnitt bemüht sich um ein Resümee in Hinblick auf die gesellschaftliche Funktion der Kolonialschule.

2.3.1 Entstehung und Herausbildung eines europäisch geprägten Schulwesens in Togo

Die Schule europäischen Typs wurde in Afrika zuerst und hauptsächlich durch die Missionsgesellschaften etabliert. Während das Ziel der Missionsarbeit natürlich in der Bekehrung der Afrikaner zum Christentum bestand, wurde die Schulbildung von den Missionsgesellschaften als geeignetes Mittel angesehen, um die christliche Lehre zu verbreiten, in ihrem Sinne auf das soziale Leben und die "Moral" der Menschen einzuwirken und neue, aus der autochthonen Bevölkerung gewonnene Prediger zur weiteren Verkündung ihrer Lehre heranzuziehen.[32]

Einige Jahrzehnte vor Beginn der deutschen Kolonialherrschaft waren bereits verschiedene Missionsgesellschaften auf dem Gebiet des späteren Togo aktiv: Ab Mitte des 19. Jahrhunderts gründeten die methodistische Wesleyan Missionary Society aus London (im Folgenden: "Wesleyanische Mission") und die evangelische Norddeutsche Missionsgesellschaft aus Bremen (im Folgenden: "Norddeutsche Mission") Schulen an der so genannten Sklavenküste und Goldküste in Westafrika. Von der Norddeutschen Mission ist bekannt, dass sie in den ersten Jahren mit einer schwierigen Situation konfrontiert war, da kaum Schüler in ihre Schule kamen und diese wenigen zudem nur sehr unregelmäßig

[32] So formulierte der Kaufmann Vietor, der den Zielen der evangelischen Mission eng verbunden war: "Aber diese großen Kulturaufgaben, die die Mission für alle europäischen Kolonien leistet, ist für sie natürlich kein Selbstzweck. Sie unterhält die Schulen ursprünglich nur, weil sie auf solche Weise am besten dem Volk nahe kommt, unter dem sie arbeitet, und weil das kindliche Herz am leichtesten zu beeinflussen ist." (Vietor, Johann Karl, *Geschichtliche und kulturelle Entwickelung unserer Schutzgebiete*, Berlin 1913, S. 138.)

am Unterricht teilnahmen.[33] Angesichts dieses fehlenden Interesses an ihrem Bildungsangebot gingen die Bremer Missionare dazu über, sich eine feste Schülerschaft aufzubauen, indem sie Sklavenkinder freikauften – Kinder, die aufgrund der Verschuldung ihrer Eltern zu Haussklaven der Gläubiger gemacht worden waren (so genannte ‚bondmen'). Die ausgelösten Kinder wohnten in den Missionsstationen, arbeiteten neben dem Schulbesuch in den Gärten der Missionare, und es ist davon auszugehen, dass sie sich aufgrund des Loskaufs aus dem Sklavenverhältnis gegenüber der Missionsgesellschaft zu Gehorsam und Dankbarkeit verpflichtet fühlten und daher die von ihnen erwarteten Schulbesuche und Arbeitsleistungen erbrachten und sich zum Christentum bekannten. Das System des Freikaufs von Sklavenkindern wurde 1867 eingestellt, weil man in der Missionsgesellschaft zu der Erkenntnis gelangt war, dass diese Praxis selbst geeignet war, auf indirektem Wege die Existenz der Sklaverei aufrechtzuerhalten oder gar zu fördern. Um trotzdem ihre Schulen zu füllen, führte die Norddeutsche Mission nachfolgend das "Kostgeld" ein, d.h. die Schüler wurden materiell unterstützt (sie erhielten Unterkunft, Kleidung und Unterhaltsgeld), wenn sie regelmäßig am Unterricht teilnahmen. Erst ab 1898 begannen die Bremer Missionare von den Eltern ihrer Schüler ein geringes Schulgeld von 10 bis 25 Pfennig monatlich und die Anschaffung der Bücher zu verlangen, unterstützten aber auch weiterhin in Härtefällen Schüler finanziell und vergaben gegen Lohn Arbeiten in den Missionsgärten an ihre Schüler.

Eine Erklärung für das anfängliche Desinteresse an dem Bildungsangebot der Norddeutschen Mission kann vor allem darin gefunden werden, dass sich die Missionsgesellschaft in ihren ersten Jahren an der westafrikanischen Küste auf Vorstöße ins Landesinnere konzentrierte – die

---

[33] Ein Tagebucheintrag vom 20. Mai 1849 illustriert, wie wenig Anklang die Angebote der Norddeutschen Missionsgesellschaft in den Anfangsjahren ihrer Missionsarbeit an der Togoküste fanden: "14 Kinder standen auf der Liste der Schüler, doch sie erschienen ganz unregelmäßig und nie vollzählig. Ebenso konnte man kaum von einem Gottesdienst reden, wenn dazu nur zwei Eingeborene erschienen, die obendrein für ihren Besuch um einen Schnaps oder ein anderes Geschenk baten." (Zit. nach: Adick, *Bildung und Kolonialismus in Togo*, a.a.O., S. 141.)

dort ansässige Bevölkerung lebte nach traditionellen Formen, betrieb Landwirtschaft für den Eigenbedarf, war mit der europäischen Kultur bis dahin kaum in Kontakt gekommen und hatte zu diesem Zeitpunkt keine Verwendung für die durch den Unterricht vermittelten Qualifikationen.

Die Wesleyanische Mission, die ihre erste Schule im Jahre 1850 an der Togoküste gründete, hatte diese Schwierigkeiten nicht. Sie errichtete ihre Schule, nachdem die wohlhabende und einflussreiche Familie Lawson, die der Königssippe von Anecho angehörte und bereits seit dem 18. Jahrhundert enge wirtschaftliche und persönliche Kontakte nach Europa unterhielt, sie wiederholt darum gebeten hatte. Die vor allem an der Küste ansässigen lokalen afrikanischen Eliten, die in Wirtschafts- und Kulturkontakt mit Europa standen, hatten ein konkretes Interesse an der Schulbildung europäischen Typs und Verwendungsmöglichkeiten für die hierdurch vermittelten Kenntnisse und unterstützten daher Schulgründungen. So zählte die Wesleyanische Schule in Anecho nach den ersten vier Monaten bereits knapp 50 Schüler.

Auch die katholische "Gesellschaft des göttlichen Wortes Jesu in den Heidenländern" aus Steyl (im Folgenden: "Steyler Mission"), die ab 1892 in Togo aktiv war, hatte keine Probleme, Schüler für ihre Missionsschulen zu finden, die sie bewusst in den Küstenstädten Lome, Anecho, Porto Seguro und Adjido gründete.[34]

---

[34] Es ist zu erwähnen, dass eine vierte Mission, die evangelische Missionsgesellschaft in Basel (im Folgenden: "Basler Mission"), zeitweise auf dem Gebiet Deutsch-Togos aktiv war und Schulen betrieb. Die Basler Missionare konzentrierten nach Absprache mit der Norddeutschen Mission ihre Arbeit auf die Goldküste und die dort ansässigen twi-sprachigen Ethnien, während die Bremer Missionare sich an die ewesprachigen Ethnien an der Togoküste wandten. Nach Abschluss des deutsch-englischen Grenzvertrags 1890 lag ein kleiner Teil des Basler Missionsgebietes auf dem Territorium des vom Deutschen Reich annektierten Togo-Gebietes. Die betroffene Außenstation Anum wurde zunächst weiter von der Basler Mission betreut, 1902 übergab sie dieses Arbeitsgebiet jedoch der Norddeutschen Mission, um sich selbst auf die Hinterlandmission in der britischen Goldküstenkolonie zu konzentrieren. 1914, wenige Monate vor Beginn des Ersten Weltkriegs und dem Ende der deutschen Herrschaft über Togo, eröffnete die Basler Mission erneut eine Schule mit zehn Schülern in Nordwesttogo. Es ist hieraus ersichtlich, dass die Arbeit der Basler Mission in der Bildungsgeschichte Deutsch-Togos von untergeordneter Bedeutung ist. Sie wird daher im Folgenden keine gesonderte Erwähnung mehr finden.

Die Errichtung der ersten staatlichen und säkularen Schule (einer so genannten "Regierungsschule"), die das Gouvernement 1891 in Anecho gründete, wurde gar von einer lokalen Häuptlingsfamilie mit der erheblichen Summe von 1.000 Mark gefördert.[35]

Das Unterrichtsangebot der europäischen Missionsgesellschaften und der Kolonialregierung wurde von der afrikanischen Bevölkerung überall dort angenommen, wo die durch die Schule erworbenen Qualifikationen konkret und in Bezug auf die eigene soziale Stellung vorteilhaft zu verwenden waren.[36]

Es überrascht daher nicht, dass sich das Schulwesen in Togo parallel zur Wirtschaft der Kolonie entwickelte und sowohl die Schülerzahlen als auch die Anzahl der Bildungsinstitutionen mit der zunehmenden Integration der autochthonen Bevölkerung in die Kolonialwirtschaft und

---

35 Siehe Notiz in: *Deutsches Kolonialblatt*, Jg. 1891, S. 373.

36 Eine besondere Bedeutung kam dabei vor allem der Schriftsprache zu. Lesen und Schreiben konnte nur in den Schulen europäischen Typs und in den Koranschulen gelernt werden. Der praktische Nutzen einer Schrift war leicht ersichtlich, und wo ihrem Bildungsangebot von Seiten der autochthonen Bevölkerung mit Skepsis oder Ablehnung begegnet wurde, warben die Missionare mit ihrer Schriftsprache für die Schule. So berichtet der in den späten 1860-er Jahren geborene togolesische Häuptling und Lehrer Fritz Gabusu in seinen Erinnerungen: "Als es wieder ein wenig ruhig geworden war in der Halle, wo die Versammlung stattfand, fingen die Weißen an, von der Wichtigkeit der Schule und des Lernens zu reden und forderten die Väter einzeln auf, ihre Kinder in die Schule zu schicken. Das wollte ihnen aber nicht recht einleuchten, und sie fingen an die Köpfe zu schütteln. Da nahm der Weiße ein Stück Papier aus der Tasche, schrieb darauf und las dann laut vor: "Die Kinder des Häuptlings Kwadzo De in Peki können lesen, aber die Gbedzigbeleute nicht." Nun ließ er seinen Diener rufen, der in der Herberge geblieben war, reichte ihm das Papier und ließ ihn lesen, was er geschrieben hatte. Der las nun eben das gleiche aus dem Papier ab. Da fingen alle Anwesende laut an zu lachen; sie waren starr und riefen: "Das hat ihm ein Gott gesagt." Der eine schrie so, der andere so. Der Missionar aber sagte: "Das ist nicht ein Gott, sondern das ist das Lernen!" Da klärten sich die Gesichter auf, und man meinte, wenn es so sei, dann sei die Sache in Ordnung, allerdings! Am nächsten Morgen führte Großvater Gabusu selber die Fremden um den Ort herum, damit sie einen geeigneten Platz für den Schulbau aussuchten." (In: Westermann, Diedrich, *Afrikaner erzählen ihr Leben*, Essen 1938, S. 257.)

-verwaltung anstiegen.[37] Ebenso fand eine zunehmende Ausdifferenzierung des Bildungswesens statt, so dass zwischen Elementarschulen, gehobenen Schulen und Lehranstalten für praktische Arbeit unterschieden wurde.

Auch im Bildungswesen Togos sind zwei Entwicklungsphasen erkennbar: Bis etwa zur Jahrhundertwende waren die Missionen als Hauptträger des Schulwesens nur sich selbst gegenüber verantwortlich, was die Gründung von Schulen, Erstellung der Lehrpläne etc. betraf. Die Errichtung der deutschen Kolonialherrschaft über Togo änderte ihre Arbeit nur insofern, als jeder Missionsgesellschaft von der Regierung pauschal eine Summe von 1.000 Mark für Unterrichtszwecke zur Verfügung gestellt wurde, die aber an keine ausformulierten Bedingungen geknüpft war.[38]

---

37 Christel Adick hat in Statistiken auf die hohe positive Korrelation zwischen dem Anstieg der Schülerzahlen und ökonomischen Variablen wie dem wachsenden Außenhandelsvolumen und Steueraufkommen der Kolonie in der Zeit von 1900 bis 1913 hingewiesen. Während die Beziehung zwischen Bildung und Ökonomie zweifellos weitaus komplexer ist, als eine Statistik ausdrücken kann, und daher kein einfacher kausaler Schluss aus der parallelen Entwicklung abzuleiten ist, muss doch gleichzeitig davon ausgegangen werden, dass eine Wechselwirkung zwischen diesen beiden Bereichen existierte, d.h. der Wirtschaftsboom in der Kolonie Togo zu Beginn des 20. Jahrhunderts einen gewissen Qualifikationsdruck erzeugte, wie auch u.a. selbst durch die Auswirkungen eines allgemein steigenden Bildungsniveaus gefördert wurde. (Vgl. Adick, *Bildung und Kolonialismus in Togo*, a.a.O., S. 295ff, und dies., *Bildung und Ökonomie im kolonialen Kontext – eine empirisch-historische Analyse Deutsch-Togos*, in: Bruchhaus, Eva-Maria und Harding, Leonhard (Hrsg.), *Hundert Jahre Einmischung in Afrika 1884-1984*, Hamburg 1986, S. 257-268.)

38 Adick, die eine ähnliche Einteilung in zwei Entwicklungsphasen des Schulwesens in der Kolonie vornimmt, hat für diese frühe Phase den meines Erachtens problematischen Begriff der "Pädagogischen Idylle" geprägt, "in der wirtschaftliche Interessen und kulturelle Überfremdung noch nicht massiv auf die pädagogische Praxis durchschlagen". (Adick, Christel, *Pädagogische Idylle und Wirtschaftswunder im deutschen Schutzgebiet Togo – Zur Entstehung eines kolonialen Bildungswesens in Afrika*, in: *Die Dritte Welt*, 5. Jg., 1977, 34f.) Auch wenn in dieser Periode die ökonomischen und politischen Interessen der Kolonialmacht noch keinen dominanten Einfluss auf das Schulwesen ausübten, kann mit Blick auf die Bekehrungsarbeit und pädagogische Praxis der Missionen sehr wohl von einer "kulturellen Überfremdung" die Rede sein. Idyllische Zustände herrschten allenfalls für die Missionsgesellschaften, die frei von staatlichen Interventionen und Maßgaben ihr christliches Gesellschaftsbild und Ethos nach Afrika exportieren konnten und dadurch massiv in das soziale und kulturelle Leben eingriffen. Die Wahl des Begriffs "Idylle" legt zudem eine Idealisierung der vorkapitalistischen Lebensumstände nahe, die eine Ablehnung sozialer Entwicklung beinhaltet.

Nachdem zu Beginn des 20. Jahrhunderts die Kolonialregierung ihre politische Kontrolle über Togo konsolidiert hatte und parallel dazu die Wirtschaft in eine Phase des Aufschwungs ging, wuchs das Interesse der Regierung wie auch der Wirtschaft an qualifizierten Arbeitskräften und das Gouvernement bemühte sich in zunehmendem Maße darum, Einfluss auf die Schulen und die Curricula zu gewinnen.

In Togo versuchte die Kolonialregierung erstmals mit einem Gesetz vom 1. Juni 1900 in die Schulhoheit der Missionen einzugreifen, indem sie die christlichen Träger aufforderte, neue Schulgründungen von der Landesverwaltung als der "Schulaufsichtsbehörde" genehmigen zu lassen. Gegen den anfänglichen Protest der Missionsgesellschaften gelang es der Regierung sukzessive eine staatliche Schulaufsicht durchzusetzen, die schließlich von den Missionen als legitim anerkannt wurde.[39]

1904 fand eine Schulkonferenz des Gouvernements mit Vertretern der drei in Togo aktiven Missionsgesellschaften statt, auf der ein "Musterlehrplan" festgelegt wurde; gleichzeitig setzte die Regierung das Recht durch, ihrerseits die Schulen durch Inspektionen kontrollieren zu können, und fortan wurden die Abschlussprüfungen am Ende des Schuljahres von staatlichen Vertretern abgenommen. Die staatlichen Beihilfen für die Missionsschulen wurden zudem an die Erfüllung des Musterlehrplans und die Anzahl der regelmäßig am Unterricht teilnehmenden Schüler, später an die Zahl der erfolgreichen Absolventen gebunden. Die vom

---

[39] So stellte Missionsinspektor Schlunk 1912 fest, "daß die Missionsschule, je weiter die koloniale Entwicklung fortschreitet, um so mehr das Interesse des Staates herausfordert. In gewissem Sinne kommt den Missionsschulen, wenn sie rechtlich durchaus den Charakter von Privatanstalten tragen, also jeden Augenblick von uns geschlossen werden könnten, doch die Stellung von öffentlichen Volksschulen zu. Das wird äußerlich dadurch gezeigt, daß die Schule jedem nach Unterricht verlangenden Kinde, auch den Heidenkindern, grundsätzlich offen steht. [...] Eine Anstalt, die bewußt und nach ganz bestimmten Grundsätzen an der intellektuellen Förderung des Volkes, an seiner sittlichen Hebung, an der Bildung von Charaktern arbeitet, die in das Volksleben Gedanken hineinwirft, deren Tragweite für die soziale und politische Ausgestaltung der Kolonie von ausschlaggebender Bedeutung werden können, muß es sich gefallen lassen, wenn der Staat von der Art ihrer Arbeit Kenntnis nimmt und im gegebenen Fall hindernd oder fördernd eingreift." (Schlunk, Martin, *Die Norddeutsche Mission in Togo II: Probleme und Aufgaben*, Bremen 1912, S. 104.)

Gouvernement erlassenen Schulordnungen von 1906 und 1910 bekräftigten den staatlichen Einfluss auf das Schulwesen, das weiterhin maßgeblich von den Missionen getragen wurde. Die große Mehrheit der Schulen in Togo waren öffentlich unterstützte und damit anerkannte Missionsschulen, während daneben nur wenige der so genannten Regierungsschulen existierten, die vollständig aus öffentlichen Mitteln finanziert wurden.

2.3.2 Struktur des Schulwesens gegen Ende der deutschen Kolonialherrschaft

Eine im Jahre 1911 im Auftrag des Hamburgischen Kolonialinstituts durchgeführte Erhebung der europäisch geprägten Bildungsinstitutionen in den deutschen Kolonien gestattet einen Blick auf die Struktur des Schulwesens in den letzten Jahren der deutschen Kolonialherrschaft.

So ergab die Untersuchung für Togo eine Gesamtzahl von 324 Schulen mit insgesamt 457 Lehrkräften und 13.742 Schülerinnen und Schülern auf dem Gebiet der Kolonie Togo.[40]

Diese Schulen waren in ihrer überwiegenden Zahl Elementarschulen – insgesamt 315, von denen 141 von der Norddeutschen Mission, 166 von der Steyler Mission, sechs von der Wesleyanischen Mission und zwei von der Regierung betrieben wurden. In den Elementarschulen wurden insgesamt 13.347 Schülerinnen und Schüler unterrichtet, wobei die Schülerinnen mit einer Gesamtzahl von 2.239 oder 16,8 Prozent deutlich unterrepräsentiert waren. Die Schulzeit an der Elementarschule belief sich offiziell auf sieben Jahre, in denen die Schüler hauptsächlich Lesen, Schreiben, Rechnen und Singen lernten. Ab der fünften Klasse wurde zudem Geschichte und Geografie gelehrt – auf das durchaus wechselhafte Angebot an Fremdsprachenunterricht in Deutsch und Englisch wird im Weiteren näher einzugehen sein. In allen Missionsschulen stand das zentrale Interesse der Missionen an der Bekehrung und der Verbreitung

---

[40] Alle Zahlen, auch im Folgenden, nach: Schlunk, *Die Schulen für Eingeborene*, a.a.O., S. 54 f.

des Christentums auch im Mittelpunkt des Schulunterrichts. Die biblische Geschichte, religiöse Lieder, das Alte und Neue Testament und der Katechismus füllten im Lehrplan in der Regel mehr Stunden als jedes andere Fach.[41]

Absolventen der Elementarschule konnten sowohl im niederen Verwaltungsdienst als auch bei den Faktoreien der Handelshäuser Arbeit finden. Einige Schüler konnten ihre Ausbildung an einer gehobenen Schule (Lehrerseminare oder Fortbildungsschulen) fortsetzen. In Togo existierten im Jahre 1911 lediglich fünf dieser weiterführenden Schulen: Die Regierung, die Norddeutsche sowie die Steyler Mission unterhielten jeweils eine Fortbildungsschule, die beiden genannten Missionsgesellschaften zudem noch jeweils eine Lehrerbildungsanstalt. Die Lehrgänge an allen Fortbildungsschulen umfassten eine Zeit von zwei Jahren und bereiteten die Schüler hauptsächlich auf gehobene Dienste in der Kolonialverwaltung vor. Der Unterricht beinhaltete neben einer gehobenen fremdsprachlichen Schulung Fächer wie Maschinenschreiben, Kurzschrift, Buchführung und Rechnungswesen, ferner das Abfassen von Briefen und Berichten und zum Teil den Umgang mit technischem Gerät wie meteorologischen Instrumenten und Feldmessern und das Lesen und Zeichnen von Karten. Es wurde ein monatliches Schulgeld von 5 Mark erhoben.

Die Ausbildung zum Lehrer dauerte am Lehrerseminar der Steyler Mission zwei Jahre, bei der Norddeutschen Mission drei Jahre. Die Norddeutsche Mission verpflichtete ihre Absolventen, im Anschluss an die Ausbildung mindestens fünf Jahre in den Schulen der Mission zu unterrichten, bei früherem Ausscheiden mussten die Lehrer für jedes Jahr

---

41 Diese zentrale Stellung des Religionsunterrichts kommt bei Schlunk an anderer Stelle klar zum Ausdruck: "Das Gemeinsame an all diesen Schulen [den Elementarschulen der Mission] besteht in folgenden grundsätzlichen Bestimmungen. Die Schulen sind, auch wenn sie im Charakter den Volksschulen gleichen und darum christlichen und heidnischen Kindern gleicherweise zugänglich sind, doch private Anstalten der Mission. Die religiöse Unterweisung nimmt in ihnen die erste Stelle ein, ihr gegenüber müssen alle anderen Unterrichtsfächer zurücktreten. Deshalb ist auch nicht die intellektuelle Bildung die Hauptsache, sondern die Bildung des Charakters. Kinder eines primitiven Volkes bedürfen mehr Erziehung als Unterricht." (Schlunk, *Die Norddeutsche Mission in Togo*, a.a.O., S. 83.)

ihrer Ausbildung 50 Mark zurückzahlen. Die Steyler Mission verpflichtete die von ihr Ausgebildeten zu dreijähriger Lehrtätigkeit. Durch die Lehrerbildungsanstalten konnten die Schulen in der Kolonie in zunehmenden Maße auf afrikanische Lehrkräfte zurückgreifen – so zählt die Erhebung aus dem Jahre 1911 von den insgesamt 457 Lehrern in Togo 408 zu den "farbigen" und lediglich 49 zu den "weißen" Lehrkräften.

Zuletzt gab es noch vier der so genannten Lehranstalten für praktische Arbeit in der Kolonie. Eine hiervon war die Mädchenschule der Norddeutschen Mission, in der die Mädchen neben den allgemeinbildenden Fächern – Religion, Schreiben, Lesen, Singen, Rechnen und Geografie – zusätzlich Unterricht in Handarbeit, Hauswirtschaftslehre und Agrarwirtschaft erhielten. Das Ziel der Ausbildung bestand nicht darin, die Mädchen für das Berufsleben vorzubereiten, sondern sie zu vorbildlichen christlichen Hausfrauen zu erziehen.

Von der Steyler Mission wie auch vom Gouvernement wurde jeweils eine Handwerkerschule unterhalten, mit deren Hilfe die Entwicklung eines Handwerkerstandes im Kolonialgebiet gefördert werden sollte. Die Lehrzeit umfasste an der Regierungsschule drei Jahre, in denen die Auszubildenden ein geringes Lehrgeld erhielten; an der Handwerkerschule der Steyler Mission dauerte der Lehrgang vier Jahre. Beide Handwerkerschulen bildeten ihre ausschließlich männlichen Lehrlinge zu Zimmerleuten, Maschinisten und Schmieden aus, in der Regierungsschule wurden zudem noch Waggonbauer ausgebildet, in der Steyler Schule außerdem Drucker, Buchbinder, Maler und Schneider.

Die Regierung sowie die Mission wollten fraglos vor allem deshalb einen einheimischen Handwerkerstand entwickeln, weil die Einfuhr von europäischen Gütern sehr kostspielig war und erreicht werden sollte, dass afrikanische Handwerker, gegebenenfalls unter Anleitung eines deutschen Meisters, vergleichsweise billige Handwerksleitungen erbrachten und Häuser, Möbel, Kleidung etc. nach europäischem Muster fertigten.

Schließlich betrieb die Regierung noch eine Ackerbauschule, die 1904 vom Kolonialwirtschaftlichen Komitee der Deutschen Kolonialgesellschaft ins Leben gerufen worden war und vier Jahre später vom Gouvernement übernommen wurde. Die "Landeskulturanstalt Nuatjä" war eine Art Musterfarm, auf der junge Männer theoretisch und praktisch in landwirtschaftliche Anbaumethoden eingeführt wurden; gleichzeitig diente sie als agrarwissenschaftliche Forschungs- und Versuchsanstalt, mit deren Hilfe vor allem der Baumwollanbau verbessert werden sollte, um langfristig eine größere Unabhängigkeit der deutschen Textilindustrie vom Weltmarkt zu erreichen.

2.3.3 Resümee: Zur gesellschaftlichen Funktion der Kolonialschule

Abschließend ist festzustellen, dass sich in der Entwicklung eines Schulwesens europäischen Typs in Togo das koloniale Interesse manifestierte. Zwar verfolgten die Missionsgesellschaften und die afrikanischen Förderer der Schulgründungen, wenn sie sich für den Aufbau eines europäisch geprägten Bildungssystems einsetzten, eigene Interessen, die mit denen des Gouvernements nicht deckungsgleich waren. Und es darf ebenso davon ausgegangen werden, dass auch die Absolventen der Schule bzw. die Eltern der Schüler eigene Interessen und Erwartungen an die schulische Ausbildung mitbrachten und ihre erworbenen Kenntnisse und Fertigkeiten zum Teil auf Arten nutzten, die den Interessen der Kolonialregierung zuwiderliefen. Dennoch erfüllte die Kolonialschule in erster Linie eine systemtragende und die Kolonialgesellschaft stützende Funktion: Sie qualifizierte die afrikanischen Untertanen des Deutschen Reiches gemäß den Erfordernissen der Kolonialverwaltung und -wirtschaft und erfüllte ebenfalls die Aufgabe, die nach europäischen Vorgaben gebildete Bevölkerung sowohl sozioökonomisch als auch ideologisch an die deutsche Herrschaft und das Kolonialsystem zu binden.

Die Kolonialschule griff in die Sozialstruktur des Landes ein, indem sie ihren Absolventen einen gesellschaftlichen Aufstieg im Rahmen des Kolonialsystems ermöglichte, und schuf dadurch den Typus des europäisch gebildeten, aber in seiner sozialen Stellung vom Kolonialsystem völlig abhängigen Afrikaners. Hinzu kam eine direkte ideologische Beeinflussung der afrikanischen Schüler durch die Lehrinhalte an der Kolonialschule. Im Zusammenspiel dieser sozialen und ideologischen Faktoren brachte das Kolonialregime durch sein Bildungswesen eine Schicht europäisch gebildeter und abhängiger Afrikaner hervor, die in der Kolonialgesellschaft eine Vermittlerfunktion übernahmen und zu einer wesentlichen Stütze des Regimes wurden.

3 Die Sprachenpolitik des deutschen Kolonialismus

Das folgende Kapitel beschäftigt sich mit der Sprachenpolitik des deutschen Kolonialismus, d.h. mit dem Thema, inwiefern die kolonialen Kreise bewusst Einfluss darauf nahmen, die Verbreitung bestimmter Sprachen in der deutschen überseeischen Besitzung Togo zu fördern oder zu hemmen, und welche Motive sich dahinter verbargen. Der Schwerpunkt der Betrachtung liegt dabei auf der Frage, mit welchen Zielen und Absichten auf die Verbreitung des Deutschen als Fremdsprache eingewirkt wurde.

Einleitend muss festgestellt werden, dass in Bezug auf die ersten Jahre nach ihrer Inbesitznahme von einer tatsächlichen Sprachenpolitik in der Kolonie Togo kaum die Rede sein kann. Ähnlich wie in anderen sozialpolitischen Bereichen waren die Jahre der deutschen Herrschaft bis zur Jahrhundertwende vor allem von Improvisation geprägt; sprachenpolitische Konzeptionen und ein dem entsprechendes steuerndes Eingreifen von Seiten der Kolonialregierung sind erst nach der Konsolidierung des "Schutzgebietes" zu Beginn des 20. Jahrhunderts festzustellen. Dies fiel nicht zufällig mit der zunehmenden staatlichen Intervention in das hauptsächlich von den Missionen getragene Bildungswesen der Kolonie zusammen, nahmen doch die Kolonialschulen eine Schlüsselfunktion bei der Popularisation von Landes- sowie Fremdsprachen ein.

Kaum hatten jedoch die Kolonialpolitiker in Berlin und Lome eine Verantwortlichkeit für die sprachliche Entwicklung in der Kolonie entdeckt, traten starke Differenzen über die so genannte "Sprachenfrage" sowohl innerhalb der kolonialpolitischen Elite des Deutschen Reiches als auch zwischen der Kolonialregierung und den Missionsgesellschaften auf.

Die sprachenpolitischen Überlegungen, die in den diesbezüglichen Debatten zum Ausdruck kamen, und die letztendlich getroffenen Entscheidungen zur Sprachenförderung und -verdrängung müssen in engem Zusammenhang mit den machtpolitischen und ökonomischen Interessen des deutschen Kolonialismus verstanden werden. Die Kontroversen auf den Berliner Kolonialkongressen und zwischen einzelnen

Vertretern der politischen Elite in Deutschland, der Kolonialregierungen und der Missionen um die Frage der Verbreitung des Deutschen als Fremdsprache in den überseeischen "Schutzgebieten" waren sowohl Ausdruck der unterschiedlichen Interessenlagen der verschiedenen Trägergruppen des kolonialen Systems als auch der Widersprüche, die in der Kolonialpolitik selbst beinhaltet waren. Auch wenn in den Diskussionen um die so genannte "Sprachenfrage" zuweilen pädagogische Argumente angeführt wurden, waren diese doch immer auf das Engste mit politischen und sozioökonomischen Erwägungen verknüpft. Das heißt, bei der Frage, ob Deutsch als Fremdsprache in den Kolonien verbreitet werden sollte und, wenn ja, in welchem Umfang, auf welche Weise und mit welchem Ziel dies geschehen sollte, beschäftigte man sich im Kern mit dem Thema, wie die Kolonialherrschaft stabilisiert und dem deutschen Einfluss Geltung verschafft werden konnte.

Das folgende Kapitel zur Sprachenpolitik in Deutsch-Togo beginnt mit einer Darstellung der grundlegenden politischen und ökonomischen Motivation des deutschen Kolonialismus, das Deutsche in Togo zu verbreiten, und mit den Motiven der autochthonen Bevölkerung, sich die Fremdsprache anzueignen – auch wenn ihre Interessen dabei für die Vertreter des deutschen Kolonialismus keine Rolle spielten. Im nachfolgenden Abschnitt zu den sprachenpolitischen Kontroversen in Berlin und Lome soll versucht werden, die Positionen, Interessen und Argumentationslinien der verschiedenen Gruppen darzustellen, die an den Entscheidungen zur Sprachenpolitik in den Kolonien beteiligt waren, und die sprachenpolitischen Kontroversen und Entscheidungen abschließend zu bewerten.

Ein Exkurs am Ende des Kapitels ist Emil Schwörers Entwurf des so genannten "Kolonial-Deutsch" gewidmet, einem drastisch vereinfachten Deutsch mit regulierter Grammatik und minimiertem Wortschatz.

3.1 Politische und wirtschaftliche Motive zur Verbreitung der deutschen Sprache

Die Sprachenpolitik in den Kolonien spiegelte grundlegend die Herrschaftsinteressen des deutschen Kolonialismus wider. Wie im folgenden Abschnitt gezeigt werden soll, waren ökonomische und politische Motive wiederum nicht voneinander zu trennen.

Die Notwendigkeit zur Verbreitung der deutschen Sprache ergab sich aus dem Bedarf an deutschsprachigem Personal in der Administration und Wirtschaft der Kolonie. Anders als in der Kolonie Südwestafrika verfolgte das Deutsche Reich nie die Absicht, das tropische Togo zu besiedeln, und auch zur Zeit ihrer wirtschaftlichen Blüte lebten und arbeiteten nur wenige hundert Deutsche in der Kolonie. Diese besetzten die höchsten Positionen in Administration, Handelswesen und Missionen, konnten die Institutionen aber nicht alleine führen. Vor allem der Verwaltungsapparat der Kolonialregierung, aber auch andere Bereiche des öffentlichen Sektors sowie die im "Schutzgebiet" vertretenden Handelshäuser waren daher auf afrikanisches Personal angewiesen, das neben einer fachlichen Ausbildung auch über gute Deutschkenntnisse verfügte, um ihren Bedarf an Schreibern, Dolmetschern, niederen Verwaltungsbeamten (Zollaufseher, Postangestellte), Handelsagenten, Vorarbeitern, Hilfslehrern, Arztgehilfen etc. zu decken.

Zu dem Mangel an "tropentauglichem" europäischen Personal hinzu kam der Umstand, dass afrikanische Angestellte für die gleiche Arbeit eine wesentlich geringere Entlohnung erhielten und sich somit durch ihren Einsatz im erheblichen Umfang Personalkosten sparen ließen.[42] "Da die Unterhaltung einer europäischen Kraft in den Tropen wesentlich kost-

---

[42] So betrug das Anfangsgehalt für "farbige Angestellte" in der Kolonialverwaltung monatlich 30 Reichsmark, zu dem eine freie Wohnung bzw. eine Mietentschädigung von 7,50 RM und andere Vergünstigungen wie Krankengeld, kostenlose medizinische Behandlung und bezahlter Jahresurlaub hinzukamen. Nach 25 Dienstjahren konnte das Gehalt auf ein Maximum von monatlich 200 RM ansteigen. (Vgl. Sebald, a.a.O., S. 290.) Das Einkommen eines deutschen Kolonialbeamten betrug auf der niedrigsten Besoldungsstufe dagegen 3.600 RM pro Jahr. (Vgl. Tabelle über Diensteinkommen der Kolonialbeamten in Mark, in: Hausen, Karin, *Deutsche Kolonialherrschaft in Afrika*, Freiburg 1970, S. 306.)

spieliger ist als in Europa", heißt es im *Deutschen Kolonial-Lexikon*, "tritt sowohl bei den Privat- als auch bei den Regierungsbetrieben immer mehr das Bestreben hervor, Europäer nur in leitender oder in Aufsichtsstellung, die billigeren eingeborenen Hilfskräfte aber überall da zu verwenden, wo sachliche und politische Rücksichten es gestatten."[43]

Als mit der Konsolidierung der deutschen Kolonialherrschaft zu Beginn des 20. Jahrhunderts die Ökonomie Togos einen Aufschwung nahm und gleichzeitig die Verwaltung und Infrastruktur der Kolonie erheblich ausgebaut wurden, sah sich die Kolonialregierung mit der Notwendigkeit konfrontiert, den Bedürfnissen der weiteren Entwicklung des Landes entsprechend systematisch afrikanisches Personal auszubilden. Ebenso war das Gouvernement vor die Aufgabe gestellt, die bislang vorherrschende Improvisation im administrativen Bereich zu beenden und eine gewisse Planmäßigkeit einzuführen, wozu nicht zuletzt auch die Durchsetzung einer Amtssprache in allen Kolonialbehörden gehörte.

Dass die Wahl hier auf das Deutsche fiel, muss allerdings primär auf politische Erwägungen zurückgeführt werden – rein pragmatisch betrachtet wäre eine Entscheidung für das Englische als Amtssprache naheliegender gewesen. Die Konkurrenz des deutschen Imperialismus zu seinen europäischen Rivalen und das Bestreben, den wirtschaftlichen und politischen Einfluss Großbritanniens in der Region zurückzudrängen, stellten jedoch ein weiteres wichtiges Motiv zur Verbreitung des Deutschen dar, das vor allem in der Kolonie Togo von großer Bedeutung für die Sprachenpolitik war.

Bereits vor Beginn der deutschen Kolonialherrschaft hatte sich Großbritannien als bedeutendste europäische Handelsnation in der westafrikanischen Region etabliert, und in Folge dessen war auch an der Togoküste Englisch zur wichtigsten Fremd- und Handelssprache aufgestiegen. Auch die deutschen Handelshäuser dort wickelten ihre Geschäfte auf Englisch ab, benutzten das britische Pfund Sterling als Währung und verwandten die englischen Maße und Gewichte. Bevor die europäischen

---

[43] *Deutsches Kolonial-Lexikon*, a.a.O., Bd. 3, S. 507.

Missionare lokale Sprachen, wie das Ewe, studiert und sich angeeignet hatten, führten sie ihre Bekehrungsarbeit in Englisch durch und gewannen für ihre Missionsschulen gerade auch deshalb Schüler, weil sie dort neben der christlichen Lehre auch Englischunterricht anboten.

So berichtete Missionsinspektor Schlunk über "das Sprachproblem in unseren westafrikanischen Kolonien":

> "Die Nachfrage nach englischem Unterricht blieb, auch als Togo deutsch geworden war, so stark, daß die 1892 eingesetzte katholische Steyler Mission, nachdem sie sich zuerst gerühmt hatte, in ihren Schulen nur deutschen Unterricht zu erteilen, im Jahre 1895/96 englischen Unterricht in der deutschen Kolonie einführte, obwohl die Regierung sich gegen jeden englischen Unterricht ausgesprochen hatte. [...] Dieses Vorgehen der katholischen Mission zwang dann die Norddeutsche Mission gegen ihren Willen zeitweilig auch das Englische wieder in ihren Schulen zu treiben."[44]

Die deutsche Kolonialregierung hatte bereits in den Jahren 1887 und 1890 versucht, durch administrative Verordnungen deutsche Maße und Gewichte und die Rechnung in Reichsmark durchzusetzen, und gleichzeitig die Missionsgesellschaften gebeten, in ihren Schulen dem Fremdsprachenunterricht Deutsch den Vorrang vor Englisch zu geben. Doch noch 1903 zeigte sich der Kolonialrat in Deutschland "nach dem Bericht verschiedener Landeskundiger" alarmiert, da die "Togokolonie [...], trotzdem sie seit nunmehr fast 20 Jahren in deutschem Besitz ist, fast mehr einen englischen als einen deutschen Charakter"[45] habe. Die *Deutsche Kolonialzeitung* berichtete:

> "An der Küste der Kolonie – so lautete der Bericht – werde überwiegend englisch gesprochen; auch die Kaiserlichen Beamten bedienten sich im Verkehr mit Fremden und Eingeborenen meistens dieser Sprache. Ebenso überwiege die englische Münze. In englischer

---

[44] Schlunk, Martin, *Das Schulwesen in den deutschen Schutzgebieten*, Hamburg 1914, S. 82.

[45] Akten des Reichskolonialamtes (nachfolgend zitiert als RKA), Nr. 4079, Bl. 154, Bericht über die 15. Sitzung des Kolonialrates, Oktober 1903, zit. nach: Sebald, a.a.O., S. 496.

Sprache würden die Geschäftsbücher geführt, in englischer Sprache und Währung Rechnungen deutscher Firmen für deutsche Bezieher ausgestellt, und auch in den Schulen der drei in Togo tätigen Missionsgesellschaften (Norddeutsche, Wesleyaner, Steyler) werde überwiegend englisch gelehrt."[46]

Hinter dieser Klage über den Einfluss der englischen Sprache in Togo stand allerdings nicht nur eine allgemeine Konkurrenzhaltung des deutschen Kolonialismus zum britischen Empire, sondern die konkrete Sorge um wirtschaftliche Nachteile und politische Probleme, die sich aus der großen Verbreitung des Englischen als Fremdsprache ergeben konnten,

> "angesichts des Umstandes, daß die Kenntnis der englischen Sprache unsere Eingeborenen in Togo befähigt, nach den englischen Kolonien, wo etwas höhere Löhne gezahlt werden, auszuwandern und daß somit nur die weniger Intelligenten in der deutschen Kolonie bleiben, angesichts der Tatsache ferner, daß diejenigen Eingeborenen, welche Englisch können, stets der englischen Herrschaft zuneigen werden und damit versteckte oder auch offene Gegner der deutschen Herrschaft uns im eigenen Lande entstehen [...]."[47]

Wie das Zitat zeigt, wurde zumindest von Teilen der deutschen politischen Elite ein enger Zusammenhang zwischen dem Beherrschen einer europäischen Fremdsprache und einer politischen Sympathie oder Loyalität gegenüber der mit dieser Sprache verbundenen Nation und ihrer Regierung vermutet. Von den Befürwortern einer möglichst umfassenden Verbreitung des Deutschen in den Kolonien wurde daher auch das Argument angeführt, dass sich auf diesem Wege eine patriotische Haltung der afrikanischen Untertanen gegenüber Kaiser und Reich erzeugen ließe.

Graf Julius von Zech auf Neuhofen, der von 1905 bis 1910 als Gouverneur von Togo amtierte, teilte diese Ansicht und formulierte im Jahre

---

[46] Seidel, A., *Zur Wahrung des Deutschtums in Togo*, in: *Deutsche Kolonialzeitung*, 20. Jg., Nr. 50, 10. Dezember 1903, S. 501f.

[47] RKA, Nr. 4079, Bl. 154, Bericht über die 15. Sitzung des Kolonialrates, Oktober 1903, zit. nach: Sebald, a.a.O., S. 496.

1906 für den Deutschunterricht ein politisches Lernziel. Jedem Afrikaner sollte im Deutschunterricht folgende ideologische Formel eingeprägt werden:

> "Der Deutsche Kaiser ist der Schirmherr des Schutzgebietes Togo. Er hat in Togo eine Regierung eingesetzt mit dem Gouverneur an der Spitze. Dieser hat das Gebiet in verschiedene Bezirke eingeteilt; jedem Bezirk steht ein Bezirksamtmann oder Bezirksleiter vor. Alle Eingeborenen sind Untertanen des deutschen Kaisers. Sie müssen dem Kaiser treu und gehorsam sein; sie müssen auch der vom deutschen Kaiser in Togo eingesetzten Regierung, also dem Gouverneur, den Bezirksamtmännern und Bezirksleitern und den von ihnen beauftragten Beamten treu und gehorsam sein."[48]

Der Fremdsprachenerwerb wurde als Teil eines Sozialisierungsprozesses verstanden, in dessen Verlauf sich der Lernende an die mit der Sprache verbundene fremde Kultur und Herrschaft anpasst und ihre Geltungsansprüche akzeptiert. Zechs Ausführungen machen deutlich, dass diese Akkulturation nach den Wünschen der deutschen Kolonialherren möglichst unreflektiert vonstatten gehen sollte, d.h. Ziel des Fremdsprachenunterrichts Deutsch sollte neben dem Spracherwerb ein blinder Gehorsam der Untertanen gegenüber der deutschen Herrschaft und ihrer Vertreter sein; eine tatsächliche – und wohlmöglich gar kritische – Erschließung deutscher Kultur war keineswegs erwünscht.

Es zeigt sich, dass die sozioökonomischen Motive zur Verbreitung des Deutschen als Fremdsprache in der Kolonie Togo auf zwei unterschiedlichen, allerdings miteinander verbundenen Ebenen zu finden waren: zum Einen im konkreten Bedarf nach deutschsprachigem afrikanischen Personal für die Verwaltung und Wirtschaft der Kolonie und zum Anderen im Bestreben, die deutsche Kolonialherrschaft in der westafrikanischen Region langfristig zu festigen.

Wollte man im administrativen Bereich nicht auf die Sprache des großen europäischen Konkurrenten Großbritannien zurückgreifen oder die durch

---

48 RKA, Nr. 4080, Bl. 147, Protokoll vom 31. Januar 1906, zit. nach: Sebald, a.a.O., S. 500.

die Missionen verschriftlichte und in Südtogo verbreitete Landessprache Ewe zur Amtssprache machen, so bestand die Notwendigkeit, zumindest einer Schicht der togolesischen Bevölkerung neben der fachlichen Qualifizierung auch umfassende Kenntnisse der deutschen Sprache zu vermitteln.

Gleichzeitig wurde die deutsche Sprache auch – zumindest von Teilen der mit der Kolonialpolitik befassten Elite – als direktes Herrschaftsmittel verstanden, mit dessen Verbreitung und Durchsetzung in den Kolonien gleichsam die deutschen Ansprüche gesichert, die deutsche Position gegenüber den europäischen Rivalen auf dem afrikanischen Kontinent gestärkt und allgemein das Gewicht Deutschlands in der Welt vergrößert würde. Aus dieser Haltung leitete sich logisch das Ziel ab, den Einfluss anderer Fremdsprachen, aber auch der Landessprachen zugunsten des Deutschen zurückzudrängen.

3.2 Interessen der afrikanischen Bevölkerung am Erlernen und Gebrauch der deutschen Sprache

Im folgenden Abschnitt soll dargestellt werden, auf welchen Ebenen die Motive der autochthonen Bevölkerung, das Deutsche als Fremdsprache zu erlernen und einzusetzen, zu finden waren. Während sich die verschiedenen Beweggründe für den Fremdsprachenerwerb und Interessen am Gebrauch des Deutschen nicht gegenseitig ausschließen, waren sie sicherlich nicht überall, wo Deutsch gelernt und gesprochen wurde, gleichmäßig wirksam, sondern kamen durch individuelle und soziale Faktoren beim Einzelnen unterschiedlich zur Geltung.

Zum Einen stand das Interesse von Afrikanern, auf einer Schule europäischen Typs eine Ausbildung zu absolvieren, die den Erwerb der Fremdsprache Deutsch einschloss, oftmals in Zusammenhang mit den damit verbundenen Möglichkeiten des sozialen Aufstiegs im Kolonialsystem.

Eine fachliche Qualifikation und das Beherrschen des Deutschen waren Voraussetzungen für eine Anstellung in der Kolonialadministration, den

Schulen in der Kolonie und teilweise auch bei den deutschen Handelshäusern. Auch wenn "die Gehälter der Weißen um ein Vielfaches höher waren als die der Farbigen",[49] lagen die afrikanischen Verwaltungsangestellten mit ihrem Verdienst jedoch weit über dem Lohnniveau der einfachen Bevölkerung. Viele von diesen vergleichsweise privilegierten Afrikanern waren unter den ersten Schülern der Missionsschulen gewesen, gehörten also zu den freigekauften Sklaven und entstammten damit der untersten sozialen Schicht der autochthonen Gesellschaft. Der ihnen von der Kolonialadministration ermöglichte soziale Aufstieg förderte ein "Elitebewusstsein des bürokratischen Personals",[50] dessen gesellschaftliche Position mit einer Loyalität gegenüber der deutschen Herrschaft verbunden war und von der Erfüllung ihrer Funktion im kolonialen System abhing.

Neben den beruflichen und sozialen Aufstiegsmöglichkeiten, die mit dem Erlernen des Deutschen verbunden waren, bildete auch die Unzuverlässigkeit der Dolmetscher einen weiteren Grund, sich mit der Sprache vertraut zu machen. So berichtete der deutsche Jurist und Kolonialbeamte Rudolf Asmis, der zwischen 1906 und 1912 in Togo lebte, dass dort "Dolmetscherdelikte [...] an der Tagesordnung" waren:

> "Der Dolmetscher ist entweder von einer Partei gekauft oder mit ihr verwandt und gibt dann als Aussage der Partei und der Zeugen wider, was dieser Partei günstig ist."[51]

Für den Teil der afrikanischen Bevölkerung, der auf der Grundlage der deutschen Sprache Geschäfte machte, Verträge abschloss oder mit den Behörden kommunizierte, wirkten sich Deutschkenntnisse daher günstig

---

[49] Hausen, a.a.O., S. 132.

[50] Sebald, a.a.O., S. 290.

[51] Asmis, Rudolf, *Kalamba na M'putu. Koloniale Erfahrungen und Beobachtungen*, Berlin 1942, S. 93. Bei Trotha findet sich eine anschauliche Beschreibung des Misstrauens, das den Dolmetschern von allen Seiten entgegengebracht wurde. (Trotha, Trutz von, *Koloniale Herrschaft. Zur soziologischen Theorie der Staatentstehung am Beispiel des "Schutzgebietes Togo"*, Tübingen 1994, S. 198ff.)

aus, da man sich nicht auf möglicherweise korrumpierte Dolmetscher verlassen musste und weniger Gefahr lief, übervorteilt zu werden.

Schließlich beinhaltete die Beherrschung der deutschen Sprache für die afrikanische Bevölkerung der Kolonie auch emanzipatorische Aspekte. Die Fähigkeit, die Sprache der Kolonialmacht zu verstehen und zu lesen, bot die Möglichkeit, sich über die Ziele und Absichten der Kolonialherren und ihre Haltung zu den afrikanischen Untertanen des Reiches bewusst zu werden und gleichermaßen Bruchlinien und Konflikte zwischen den verschiedenen Interessengruppen der Weißen zu erkennen. Die Lektüre deutscher Literatur und Periodika ermöglichte einen Einblick in die deutsche Gesellschaft und die politischen und sozialen Konflikte in Deutschland. Bezeichnend ist in dieser Hinsicht die Klage des über viele Jahre in Togo ansässigen deutschen Unternehmers Johann Karl Vietor, dass

> "viele Neger, die die Sprache beherrschen, englische und deutsche Bücher und Zeitungen [lesen], deren Inhalt nicht immer wünschenswert für sie ist. Ich hatte z.B. einen Schwarzen, der auf den [sozialdemokratischen] *Vorwärts* abonniert war."[52]

Die Fähigkeit, sich schriftlich und mündlich auf Deutsch auszudrücken, konnte ebenfalls genutzt werden, um die eigenen Interessen zum Ausdruck zu bringen, sich gegen eine entwürdigende Behandlung durch die deutschen Kolonialherren zur Wehr zu setzen und den antikolonialen Bestrebungen in der afrikanischen Bevölkerung Ausdruck zu verleihen. So wurden von afrikanischen Persönlichkeiten in der Kolonie Togo auf Deutsch Petitionen und Eingaben an den Reichstag und das Auswärtige Amt in Berlin und den Staatssekretär des Reichskolonialamtes Dr. Solf anlässlich seiner Reise nach Togo verfasst.[53] Die Sprache der Kolonialmacht wurde hier als Instrument eingesetzt, um sich an höherer Stelle über die Regierung in Lome zu beschweren, in verschiedenen Fragen an die Entscheidungsträger in Berlin zu appellieren oder sich mit seinen Be-

---

52 Vietor, a.a.O., S. 134.

53 Die Dokumente finden sich abgedruckt in: Sebald, a.a.O., S. 649-675.

schwerden über den demokratisch gewählten Reichstag an die deutsche Öffentlichkeit zu wenden.

Abseits von diesen dezidiert politischen Handlungen konnten Deutschkenntnisse aber auch dem erniedrigten Individuum in den Kolonien dienen, die eigene Würde gegenüber dem Unterdrücker in Worten zu verteidigen. So wird in der Petition aus Lome an den Reichstag vom 12. Mai 1914 von dem Fall des Schreiners Kofi berichtet, der sich gegen den Affront eines deutschen Plantagenbesitzer, "Schwarzer Affe, mach mal, dass du wegkommst, sonst haue ich dich durch dazu", mit folgenden Worten wehrte: "Auch weißer Affe sind Sie, wenn ich schwarzer Affe wäre."[54] Kofi bezahlte seine selbstbewussten Worte mit Prügel und sechsmonatiger Haft, weil er sich mit der deutschen Sprache nicht den vom Gouvernement erhofften Untertanengeist angeeignet hatte, sondern sie ganz im Gegenteil zur eigenen Behauptung gegenüber den deutschen Kolonialherren einsetzte.

Mit der zunehmenden Erkenntnis auf Seiten der Kolonialregierung, dass deutsche Sprachkenntnisse von der afrikanischen Bevölkerung auch zur Vertretung eigener Interessen benutzt wurden, wuchs ihr Misstrauen gegenüber der unkontrollierten Nutzung des Deutschen. Schon bevor die erste Petition nach Berlin gesandt wurde, hatte Gouverneur Zech bereits auf einer Schul- und Missionskonferenz im Jahre 1909 zur Frage des Briefeschreibens nach Deutschland erklärt:

> "[...] wenn unter Kontrolle des Lehrers geschieht, gut, sonst aber ein Übel: würde am besten unterbleiben."[55]

Die Meinung des Gouverneurs wurde von den anderen beiden großen deutschen Interessengruppen in der Kolonie, den Missionsvertretern und Kaufleuten, geteilt. Sebald erläutert dazu:

> "Warum auch die Kaufleute das Briefeschreiben für eine Untugend hielten, wird verständlicher angesichts der sich immer mehr verbreitenden Gewohnheit afrikanischer Händler, bei deutschen Versand-

---

[54] Ebenda, S. 661.

[55] RKA, Nr. 4080, Bl. 200, zit. nach: Sebald, a.a.O., S. 500.

häusern Waren direkt postalisch zu bestellen und damit das Importmonopol der Kaufleute zu unterlaufen."[56]

Somit wurden die Fremdsprachenkenntnisse von Teilen der afrikanischen Bevölkerung nicht zuletzt auch eingesetzt, um unter Umgehung der lokalen deutschen Vertreter ihre ökonomischen und geschäftlichen Interessen zu fördern.

Es lässt sich zusammenfassend feststellen, dass die afrikanische Bevölkerung der Kolonie Togo die deutsche Sprache im eigenen Interesse zu nutzen verstand. Wenn sich in der Schicht höher gestellter afrikanischer Verwaltungsbeamter eine Loyalität gegenüber dem Kaiserreich herausbildete, so entsprang diese vielmehr ihrer von der deutschen Kolonialherrschaft abhängigen privilegierten sozialen Stellung als ihren unter dem Vorzeichen des deutschen Patriotismus vermittelten Fremdsprachenkenntnissen. Wo Afrikaner ihre Kenntnisse des Deutschen einsetzten, um ihre unabhängigen Interessen zur Geltung zu bringen, lief dies häufig den Interessen der Kolonialherren direkt zuwider.

Dass eine fremdsprachliche Bildung auch als Schlüssel zur Emanzipation des Kolonialuntertanen dienen konnte, wurde von etlichen Vertretern der mit der Kolonialpolitik befassten deutschen Elite als Problem erkannt, so dass die so genannte "Sprachenfrage" zur "langlebigsten bildungspolitischen und pädagogisch-psychologischen Problematik des europäisch geprägten Bildungswesens in Afrika überhaupt"[57] wurde.

---

[56] Sebald, a.a.O., S. 500.

[57] Adick, *Bildung und Kolonialismus in Togo*, a.a.O., S. 232f.

3.3 Sprachenpolitische Kontroversen und Entwicklungen

Die langlebige Kontroverse um die Sprachenpolitik in den Kolonien drehte sich um den Fragenkomplex, welche Sprache/n in den verschiedenen Kolonien als Amts- und Verkehrssprache dienen und durchgesetzt werden sollte/n und – damit eng verbunden – welche Sprachen als Unterrichts- und/oder Fremdsprachen im Schulwesen der Missionsgesellschaften und der Kolonialregierungen in welchem Ausmaß Verwendung finden sollten.

Dabei standen sich, wie Missionsinspektor Schlunk schreibt, "im wesentlichen zwei ganz verschiedenartige Tendenzen" gegenüber:

> "die deutsch-nationale, die, die Sprache als die Scheide des Geistes wertend, durch Pflege der deutschen Sprache deutschen Geist, deutsche Kultur, deutsche Herrschaft, und vielleicht deutsche Vaterlandsliebe verbreiten möchte, und die volkstümliche, die der Eigenart der Eingeborenen ihr Recht lassen, darum ihre Sprache, und mit der Sprache ihre Kultur, ihre Sitte, ihr Recht schonen und erhalten möchte."[58]

Während diese Frage in anderen deutschen Kolonien in relativ einfacher Form aufgeworfen wurde – wie in Samoa, wo bereits vor der Errichtung der deutschen Kolonialherrschaft eine einheitliche einheimische Sprache vorherrschte, in Kiautschou, wo man das Chinesische als "alte Kultursprache" anerkannte, oder in Ostafrika, wo das Suaheli bereits vor Ankunft der Deutschen den Status einer lingua franca des Handels unter den verschiedenen ansässigen Sprachgemeinschaften erreicht hatte – stellte sich die sprachliche Situation in den Kolonien Togo und Kamerun als äußerst vielschichtig dar.

So wurden an der Togoküste, dem wirtschaftlichen und politischen Zentrum der Kolonie, von der autochthonen Bevölkerung fast ausschließlich Ewe-Dialekte gesprochen, aber das Ewe war weit davon entfernt, eine gemeinsame Sprache aller Bewohner der Kolonie Togo zu sein. Das Ewe war zudem erst durch die sprachwissenschaftliche Arbeit von Missionaren und Forschern in der zweiten Hälfte des 19. Jahrhunderts sys-

---

[58] Schlunk, *Das Schulwesen in den deutschen Schutzgebieten*, a.a.O., S. 80.

tematisch erfasst und verschriftlicht worden, so dass auch ein großer Teil der Küstenbevölkerung seine Muttersprache weder lesen noch schreiben konnte. Ferner hatte sich bereits lange vor Beginn der deutschen Kolonialherrschaft das Englische als gemeinsame Handelssprache von Afrikanern und Europäern an der Togoküste etabliert, so dass das Deutsche von vornherein den Rang einer zweiten europäischen Fremdsprache einnahm.

Es stellten sich hier also die konkreten Fragen, welchen Stellenwert man den verschiedenen afrikanischen Sprachen des Territoriums zumessen sollte, ob und in welchem Ausmaß das Ewe als Landessprache zu fördern und auch als Fremdsprache zu unterrichten sei, in welchem Umfang man die Fremdsprache Deutsch unter der togolesischen Bevölkerung verbreiten sollte und wie man sich zur vorherrschenden Fremdsprache Englisch zu verhalten gedachte.

Den in diesen Fragen divergierenden Positionen verschiedener mit der kolonialen Sprachenpolitik befassten Vertreter der Missionen, der Kolonialregierung und der kolonialpolitischen Kreise in Deutschland lagen nicht nur unterschiedliche politisch-ideologische Auffassungen zugrunde, wie es Schlunks Einteilung in "deutsch-nationale" und "volkstümliche" Tendenzen impliziert, sondern auch sehr pragmatische Überlegungen, in denen sich spezifische Interessen widerspiegelten.

3.3.1 Der Standpunkt der Missionen zur "Sprachenfrage"

So bestand das vorrangige Interesse der Missionen in der Christianisierung, die zur Missionierung verwendete Sprache war für sie zunächst einmal lediglich Mittel zum Zweck. Ihr Bestreben, möglichst viele afrikanische "Heiden" zu erreichen und zu bekehren, veranlasste zahlreiche Missionare zu einer eingehenden Beschäftigung mit den afrikanischen Sprachen, deren Ergebnis nicht nur Bibelübersetzungen in zum Teil, wie im Falle des Ewe, bis dato noch nicht verschriftlichte Sprachen war, sondern auch bedeutende sprachwissenschaftliche Arbeiten, die in Bezug auf Togo mit den Namen Spieth und Westermann verbunden sind. Ihr Wissen um die Aussagekraft – und auch Schönheit – afrikanischer Sprachen, das im Gegensatz zu dem oftmals arroganten und ignoranten Urteil deutscher Kolonialbeamter über die "primitiven" Sprachen stand,[59] trug neben dem Hauptmotiv, der möglichst großen Verbreitung christlicher Glaubenslehren, dazu bei, dass die Missionen sich in ihren Schulen grundsätzlich auf die lokale Sprache stützten. Im sprachlich heterogenen Togo stellte dies die Missionsgesellschaften allerdings vor praktische Probleme, über die Carl Mirbt in einem Artikel für die *Kolonialen Monatsblätter* berichtete:

> "So einfach und selbstverständlich der Grundsatz klingt, daß den Eingeborenen das Evangelium in ihrer Volkssprache zu bringen ist, so schwierig gestaltet sich der Versuch, ihn praktisch durchzuführen, wo die Erweiterung der Beziehungen zu der eingeborenen Bevölkerung mit einer Vielheit von Sprachen in Berührung bringt. Die Unmöglichkeit, für jedes kleine Sprachgebiet eine Schulliteratur zu schaffen, liegt auf der Hand."[60]

Man entschloss daher auf Seite der Missionen, "daß die Ewesprache und nur sie in Togo Schulsprache werden mußte."[61]

Daneben erteilten alle in Togo aktiven Missionsgesellschaften bis 1906 auch englischen Fremdsprachenunterricht; zum Teil hatten sie ihre Missionsarbeit vor der Errichtung der deutschen Kolonialherrschaft auf Englisch begonnen, vor allem aber boten sie auch später noch Englischunterricht an, weil dieses Sprachangebot – in weitaus stärkerem Maße als der Wunsch nach christlicher Belehrung – Schüler in ihre Anstalten lockte. Auf den Fremdsprachenunterricht Deutsch legten die Missionen denn auch vor allem deswegen zunächst kaum Wert, weil er nur wenig nachgefragt wurde. Ein Vertreter der Steyler Mission berichtete in der *Deutschen Kolonialzeitung*:

---

59 Zur Bewertung afrikanischer Sprachen siehe auch: Gerhardt, Ludwig, *Afrikanische Sprachen im gelehrten deutschen Urteil*, in: Nestvogel, Renate und Tetzlaff, Rainer (Hrsg.), *Afrika und der deutsche Kolonialismus*, Berlin 1987, S. 135-152.

60 Mirbt, Carl, *Die Schulen für die Eingeborenen in den deutschen Schutzgebieten*, in: *Koloniale Monatsblätter*, 16. Jg., 1914, S. 229.

61 Schlunk, *Das Schulwesen in den deutschen Schutzgebieten*, a.a.O., S. 85.

> "Die ersten deutschen Missionare an der Küste Togos, welche der katholischen Steyler Mission angehörten, erteilten bei Eröffnung der Schule auf ihrer ersten Station zu Lome (1892) sofort deutschen Unterricht. Erst als sie die Erfahrung machten, daß ohne Einführung des Englischen die Zahl der Schüler eine geringe blieb, wurde auch diese Sprache in den Unterrichtsplan aufgenommen und neben dem Deutschen betrieben."[62]

Allgemein wurde der deutsche Fremdsprachenunterricht an den Missionsschulen Togos erst durch den Druck der Kolonialregierung unter Gouverneur Zech eingeführt. Die *Verordnung des Gouvernements von Togo über die Erteilung deutschen Sprachunterrichts*[63] verpflichtete alle Schulen mit Beginn des Jahres 1906 "als Gegenstand des Sprachunterrichts außer der Landessprache keine andere lebende Sprache [...] als die deutsche"[64] zu unterrichten. Eine dazugehörende Schulordnung[65] band die Vergabe von staatlichen Mitteln an die Bereitschaft der Missionen, nicht allein das Deutsche statt dem Englischen als Fremdsprache einzuführen, sondern auch eine bestimmte Anzahl an Wochenstunden Deutsch in allen ihren Schulen zu unterrichten.

Vorausgegangen war dem Erlass von Verordnung und Lehrplan eine Schulkonferenz im März 1904, anlässlich derer sich die Kolonialregierung unter Gouverneur Zech mit allen in Togo vertretenden Missionsgesellschaften über die zukünftigen bildungspolitischen Vorgaben beriet. Da sie – zu Recht, wie sich zeigen sollte – davon ausgingen, dass die Entscheidungen in Togo zu einem Präzedenzfall für die Regelung des Schulwesens auch in den anderen deutschen Kolonien werden könnten, legten die deutschen evangelischen Missionsgesellschaften in einer gemeinsamen Eingabe an die Kolonialabteilung in Berlin Ende des Jahres

---

62 Schwager, Friedrich, *Zur Sprachenfrage in Togo*, in: *Deutsche Kolonialzeitung*, 20. Jg., Nr. 52, 24. Dezember 1903, S. 520.

63 In: Adick/Mehnert, a.a.O., S. 275.

64 Ebenda.

65 In: Adick/Mehnert, a.a.O., S. 276f.

1904 grundsätzlich ihren Standpunkt in der Frage der Erteilung deutschen Fremdsprachenunterrichts dar.[66]

In dieser Eingabe äußerten die Missionen ihre Befürchtung, durch die Vorgänge in Togo sei

> "ein Standpunkt eingenommen, demzufolge für die Kolonialregierung nur einseitig der Unterricht im Deutschen Interesse hat und ihm gegenüber die Gesamtbildung des Volkes, in der er doch nur ein organisches Glied bilden darf, völlig in den Hintergrund tritt."[67]

Die Missionen betonten demgegenüber, dass sie eine Elementarbildung auf Basis der Landessprache und die Belehrung in Glaubensfragen für die eigentliche Aufgabe ihrer Schulen hielten, signalisierten aber gleichzeitig ihre Kompromissbereitschaft. So betonte die evangelische Mission, sie würde

> "gern dem Wunsche der Regierung, dass durch Unterricht im Deutschen die deutsche Sprache verbreitet werde, nach Möglichkeit entgegenkommen. [...] Nur glaubt sie dabei billig beanspruchen zu dürfen, dass durch die Forderung der Regierung an den Unterricht im Deutschen nicht der Zweck christlicher Volksbildung beeinträchtigt und dass ihr nicht ein Betrieb des deutschen Unterrichts zugemutet werde, der gesunden psychologischen Anschauungen und pädagogisch-didaktischen Grundsätzen widerstreitet."[68]

Wenn die Missionen argumentierten, einer Elementarbildung in der Landessprache müsse unbedingt Vorrang vor dem Deutschunterricht eingeräumt werden, dessen Einführung erst in höheren Klassen sinnvoll sei, so stützten sie sich dabei allerdings nicht nur auf "pädagogisch-didaktische Grundsätze". Ein ganzer Abschnitt des Dokuments ist dem "Gesichtspunkt des kolonialpolitischen Interesses" gewidmet, in dem vor

---

66 Eingabe der deutschen evangelischen Missionen an die Kolonialabteilung des Auswärtigen Amtes zum Deutschunterricht in den Kolonien, 27. Dez. 1904, in: Adick/Mehnert, a.a.O., S. 266-275.

67 Ebenda, S. 268.

68 Ebenda, S. 270.

den politischen Implikationen einer allgemeinen Verbreitung der deutschen Sprache unter der Kolonialbevölkerung gewarnt wird:

> "Wenn unter Ignorierung der Stufe geistiger Entwicklung, auf der sich die Eingeborenen befinden, und ihrer geistigen Bedürfnisse sowie der sittlichen und religiösen Bildungsfaktoren den Eingeborenen schnell und unvermittelt das Deutsche beigebracht wird, so muss eine oberflächliche Scheinbildung entstehen, die [...] zu einer Gefahr für die Kolonie werden könnte, denn man zieht dadurch ein eingebildetes, anspruchsvolles und leicht auch unzufriedenes Geschlecht heran; denn die Eingeborenen hören von den Europäern vieles, was schädlich wirkt, und fühlen sich im Besitz der Sprache der Europäer versucht, sich ihnen gleich zu stellen."[69]

Zur Verdeutlichung wurde unter anderem auf den "Papua-Aufstand in Kaiser-Wilhelmsland" verwiesen und die Erkenntnis der dortigen Mission,

> "dass diejenigen jungen Männer, welche als Hausburschen mit Deutschen gelebt und sich ziemliche Sprachkenntnisse angeeignet hatten, als die unzuverlässigsten und schlimmsten Elemente sich gezeigt hätten; denn mit dem Verstehen der Sprache des Fremdlings schwinde auch dessen persönliche Autorität für immer dahin [...]."[70]

Aus dem oben Zitierten geht deutlich hervor, dass die Missionsgesellschaften nicht nur objektiv eine Stütze der deutschen Kolonialherrschaft waren, sondern sich auch selbst in dieser Funktion verstanden. Konsequent beschreiben sie daher ihre von der Position der Kolonialregierung in Togo abweichende Haltung in der Frage eines allgemeinen Fremdsprachenunterrichts Deutsch als Teil einer "weiterblickende[n] und nicht nur die Bedürfnisse und Wünsche des Augenblicks fassende[n] Kolonialpolitik".[71]

Der hier wiedergegebene Standpunkt der deutschen evangelischen Missionsgesellschaften, den sie in zahlreichen Dokumenten detailliert dar-

---

[69] Ebenda, S. 269.

[70] Ebenda, S. 269f.

[71] Ebenda, S. 270.

gelegt haben, wurde von den anderen Missionen, Katholiken und Methodisten, geteilt. Ihr Hauptziel, die Christianisierung Afrikas, versuchten die Missionsgesellschaften zu erreichen, indem sie an ihren Schulen neben einer einfachen Grundbildung in Rechnen, Lesen und Schreiben vor allem Wert auf die christliche Belehrung und die Erziehung zur Arbeit legten – ein Programm, dass Anton Markmiller zutreffend als "ora et labora in Afrika" bezeichnet hat.[72] Sie verfolgten die Absicht, eine "einfache christliche Landbevölkerung"[73] heranzuziehen, an einer höheren Bildung und Unterricht in europäischen Fremdsprachen für die afrikanische Bevölkerung hatten sie von sich aus kein Interesse. Dem entsprechend wurde dies von ihnen nur unter Bedingungen angeboten, wo ein solches Angebot ihre ansonsten leeren Schulen füllen konnte oder wo der Druck staatlicher Instanzen sie dazu bewegte. Die wachsende Nachfrage nach qualifizierten Kräften von Seiten der Kolonialregierung und -wirtschaft und die in diesem Zusammenhang erfolgte staatliche Einflussnahme auf die Lehrpläne waren allerdings der Grund für zunehmende Spannungen zwischen den Kolonialpolitikern in Berlin und Lome auf der einen und den Missionen auf der anderen Seite.

Die in der Bildungs- und Sprachenfrage divergierenden Interessen der Kolonialregierung und der Missionen dürfen jedoch keineswegs im Sinne einer Opposition letzterer gegen die koloniale Herrschaft und Unterdrückung der Afrikaner ausgelegt werden. Während die Missionen in den Auseinandersetzungen mit Regierungsstellen gerne ihre christliche Liebe zur afrikanischen Bevölkerung und ihre pädagogische Kompetenz betonten und den wirtschaftlichen Interessen des Staates und der Kaufmannschaft gegenüberstellten, stimmten sie grundlegend mit den Zielen und Methoden des Kolonialismus überein. Der evangelische Pastor Paul brachte dies im Jahre 1907 im Rahmen seines Vortrags auf einer Missionskonferenz auf den Punkt, als er die Missionsschule als "berufene

---

72 Vgl. Markmiller, Anton, *"Die Erziehung des Negers zu Arbeit" – Wie die koloniale Pädagogik afrikanische Gesellschaften in die Abhängigkeit führte*, Berlin 1995, S. 137.

73 Schlunk, *Die Schulen für Eingeborene*, a.a.O., S. 14.

Helferin der Kolonialverwaltung" definierte, deren Anliegen darin bestehe,

> "den Eingeborenen zu einer christlichen deutschen Kultur zu verhelfen. Sie soll nach dem Grundsatz handeln: Christo et patriae! Für das Himmelreich und für das Deutsche Reich!"[74]

3.3.2 Die Kontroverse um die Sprachenpolitik in der kolonialpolitischen Elite in Berlin und Lome

Während die Missionsgesellschaften in der Sprachenfrage recht einheitlich die von Schlunk als "volkstümliche Tendenz" bezeichnete Auffassung vertraten, dass eine afrikanische Landessprache gepflegt werden und als Unterrichtssprache dienen sollte und der Fremdsprachenunterricht Deutsch tunlichst erst im Zusammenhang mit einer höheren Bildung und Fachausbildung (zum Missionar, Lehrer, Dolmetscher, Schreiber etc.) einzuführen sei, kann für die anderen mit der Kolonialpolitik befassten Kreise und Entscheidungsträger keine derart homogene Haltung zur Sprachenpolitik konstatiert werden.

Doch zweifellos fand sich die von Schlunk so bezeichnete "deutschnationale" Position am stärksten unter den Kolonialpolitikern wieder. Ein zunächst besonders energischer Vertreter dieser Tendenz war Graf Zech, langjähriger Gouverneur der Kolonie Togo, dessen Deutschtümelei mitunter sogar seine – keineswegs unpatriotischen – Landsleute befremdete.[75] Die von ihm erlassene und bereits erwähnte Schulordnung von 1906 richtete sich nicht nur gegen die Verbreitung der englischen Sprache, sondern schränkte auch den von den Missionen favorisierten Elementarunterricht in der Landessprache Ewe zugunsten des Unterrichts im Deutschen ein. Im Einklang mit der Mehrheit der deutschen Kolonialgouverneure in Afrika antwortete Zech auf eine Anfrage der

---

[74] Paul, D., *Das Schulwesen in unsern Kolonien*, in: *Aus der Schule für die Schule*, Jahrgang 1907, S. 265.

[75] So berichtet Asmis beispielsweise über Zechs "Verdeutschungsbestrebungen", dieser habe von seinen Mitarbeitern unter Androhung von Strafgeldern verlangt, dass sie statt geläufigen englischen Ausdrücken (wie z.B. "Cocktail") deutsche Wörter ("Hahnenschweif") benutzten. (Asmis, a.a.O., S. 46.)

Kolonialabteilung des Auswärtigen Amtes in Berlin, ob eine schulische Grundbildung in der Landessprache dem Deutschunterricht vorausgehen sollte:

> "Nein, dieser Grundsatz ist höchst bedenklich. Je früher deutscher Unterricht, desto besser."[76]

In einem Schreiben an die Kolonialabteilung vom 22. Mai 1906 führte er seinen der Auffassung der Missionen diametral entgegen gesetzten Standpunkt näher aus:

> "Ich vermag nicht anzuerkennen, daß gerade die Erteilung christlicher Volksbildung in der Landessprache im Interesse der Kolonie und der Kolonialregierung liegt [...] Durch Bearbeitung der Landessprache und ihre Erhebung zur Schriftsprache wird zweifellos das Nationalgefühl der Eingeborenen geweckt, aber nicht etwa ein deutschnationales oder der deutschen Nation sympathisches Gefühl, sondern unberechtigte, auf Wahn beruhende, den Eingeborenen früher unbekannte Ansichten von der Bedeutung ihrer eigenen Nation, ihres Stammes. In Togo werden sogar verschiedene Stämme künstlich dadurch geeinigt, daß man ihnen eine einheitliche Schriftsprache gibt. [...] Nicht eine Landessprache soll das Bindemittel zwischen den Eingeborenen und ihren deutschen Beherrschern und zwischen den Stämmen mit verschiedenen Sprachen werden, sondern das Deutsche!"[77]

Zechs Argumentation für eine Popularisation des Deutschen als Verkehrssprache in Togo gründete sich auf die Annahme, dass Sprache und Nationalbewusstsein auf das Engste miteinander verknüpft seien. Die von ihm ab 1904 vorbereitete und 1906 in Kraft gesetzte Schulverordnung, mit der die Verbreitung des Deutschen auf Kosten des Ewe gestärkt wurde, war seinem Verständnis nach ein Beitrag zur Konsolidierung der deutschen Herrschaft über die Kolonie. Durch das Mittel der Sprachverbreitung sollte der Herrschaftsanspruch des Deutschen Reiches geltend gemacht, die Loyalität der schwarzen Untertanen gestärkt

---

[76] RKA, Nr. 7309, Bl. 38ff, zit. nach: Mehnert, Wolfgang, *Zur "Sprachenfrage" in der Kolonialpolitik des deutschen Imperialismus*, a.a.O., S. 53.

[77] RKA, Nr. 4080, Bl. 129ff, zit. nach: Sebald, a.a.O., S. 497f.

und möglichen antikolonialen Stimmungen in der afrikanischen Bevölkerung vorgebeugt werden.

Zechs "deutsch-nationale" Haltung wurde zu diesem Zeitpunkt von großen Teilen der mit der Kolonialpolitik befassten politischen Elite in Deutschland und in den überseeischen Besitzungen geteilt, war aber auch in diesen Kreisen nicht unumstritten. Nachdem die evangelischen Missionen 1904 mit ihrem Grundsatzpapier auf Zechs Initiative in der Sprachenfrage reagiert hatten, beschäftigte sich im darauf folgenden Jahr auch der Deutsche Kolonialkongress mit dem Thema. Der Sprachwissenschaftler Carl Meinhof löste auf dem Kongress eine kontroverse Diskussion aus, als er in seinem Vortrag vor der Verbreitung des Deutschen in den Kolonien warnte. Meinhof argumentierte, die Kolonialadministration könne zwar kurzfristig einen Nutzen aus einer solchen Entwicklung ziehen, langfristig aber sei die Verbreitung des Deutschen "von sehr zweifelhafter Wirkung":

> "Sobald der Eingeborene deutsch lesen und schreiben kann, sind ihm deutsche Gespräche und deutsche Blätter teilweise zugänglich. Das hat nun auf ihn natürlich nicht die Wirkung, dass er sich für einen Deutschen hält – diese Meinung würde ihm auch bald genommen werden, sondern er wird, so viel er kann, die so gewonnene Erkenntnis benutzen, um sein Volk über die Absichten der Deutschen und die politischen und sittlichen Zustände Deutschlands zu unterrichten."[78]

Ganz im Gegensatz zu Zechs Position ging Meinhof nicht davon aus, dass die deutsche Sprache geeignet sei, Afrikaner zu treuen Anhängern des Kaisers zu machen, sondern warnte vor den bedrohlichen Implikationen der Sprachverbreitung: Das Deutsche könne dadurch, dass es einen Zugang zu deutschsprachiger Literatur und den Gesprächen der Kolonialherren schaffe und zudem die Verständigung unter den verschiedenen afrikanischen Sprachgruppe erleichtere, zu einem Katalysator für die Entstehung einer antikolonialen Bewegung werden.

---

[78] Meinhof, Carl, *Die Bedeutung des Studiums der Eingeborenensprachen*, in: *Verhandlungen des Deutschen Kolonialkongresses 1905*, Berlin 1906, S. 345.

Zur Veranschaulichung der Gefahr verwies Meinhof auf die so genannte "äthiopischen Bewegung"[79] im südlichen Afrika:

> "Während in früheren Zeiten nur einzelne Stämme der Südafrikaner gegen die Europäer gekämpft haben, eine Erhebung mehrerer Stämme aber wegen der Sprachgrenzen und Stammesverschiedenheiten sich nicht vorbereiten liess, ist das heute anders. Die Verbreitung der englischen Sprache unter den Farbigen Südafrikas hat die revolutionäre Propaganda der äthiopischen Kirche auf das beste vorbereitet. Nun können die Zeitungen mit den neuen Ideen, die auf eine Beseitigung des weissen Mannes hinauslaufen, ungehindert zu fremden Stämmen gelangen, und die Agenten können sich bei jedem Volk verständlich machen. [...] In eben dem Masse, in dem wir nun europäische Sprache im Volk verbreiten, schaffen wir die Möglichkeit für eine derartige Agitation. [...] Durch Einführung einer europäischen Sprache schaffen wir dem Volk nicht nur ein Einigungsmittel [...], sondern wir geben ihm ausserdem das beste Werkzeug in die Hand für revolutionäre Propaganda."[80]

Meinhofs Plädoyer für eine Konservierung der bestehenden Sprachgrenzen im Interesse der Kolonialherrschaft beinhaltet eine besondere Warnung davor, eine europäische Sprache zur kolonialen Verkehrssprache zu machen, da in diesen Sprachen bereits emanzipatorische, die koloniale Ordnung in Frage stellende Ideen und Konzepte formuliert wurden. Vermittels der Sprache könnten Gedanken und Impulse vom europäischen und amerikanischen Kontinent Afrika erreichen, die bei der unterdrückten Bevölkerung in Afrika auf fruchtbaren Boden fallen und effektiv

---

79 Shula Marks beschreibt die so genannte "äthiopische Bewegung" als ein Ergebnis der zunehmenden Diskriminierung von farbigen Mittelklasseangehörigen im südlichen Afrika durch die rassistische Politik der weißen Siedler. In Folge ihres Ausschlusses aus der Welt der "Zivilisierten" durch die Weißen kam es zur Gründung von zahlreichen Freikirchen auf Seiten der Deklassierten, u.a. der Äthiopischen Kirche 1892. Der "Äthiopismus", von dem angenommen wurde, dass er die Forderung nach "Afrika den Afrikanern" aufstelle, wurde zum Schlagwort für die Ängste der Kolonisatoren vor Emanzipationsbestrebungen der afrikanischen Bevölkerung. (Vgl. Marks, Shula, *Southern and Central Africa 1886-1910*, in: Sanderson, G. N. und Oliver, Roland (Hrsg.), *The Cambridge History of Africa*, Bd. 6, Cambridge 1985, S. 422-492.)

80 Meinhof, *Die Bedeutung des Studiums der Eingeborenensprachen*, a.a.O., S. 346.

die Herrschaft über die "Schutzgebiete" des deutschen Reiches gefährden würden.

Aus seiner Analyse leitete Meinhof folgende Schlussfolgerungen ab:

> "1. Die Verbreitung der deutschen Sprache als Umgangssprache in unsern Kolonien ist im allgemeinen nicht ratsam. 2. Nur besonders intelligente und als zuverlässig erprobte Eingeborene sind für das Erlernen des Deutschen heranzuziehen. 3. Das Studium der Eingeborenensprachen ist allen Regierungsbeamten auf das dringendste zu empfehlen [...]."[81]

Meinhofs Referat löste auf dem Kongress eine starke Auseinandersetzung und eine heftige Reaktion auf Seiten der Vertreter der "deutschnationalen Tendenz" aus. Der Präsident des Kolonialkongresses selbst, Herzog Johann Albrecht zu Mecklenburg, griff in die Debatte ein und stellte sich am deutlichsten gegen Meinhof mit der konträren Forderung, es müsse

> "mit allen Mitteln dahin gestrebt werden, dass die Eingeborenen Deutsch als Haupt- und Umgangssprache lernen, denn diese ist das deutlichste Zeichen der Herrschaft. Nur so werden wir auf Dauer Herren in unseren Kolonien bleiben."[82]

Bei der Beschlussfassung am Ende des dreitägigen Kongresses hatte es keinerlei Annäherung in der Sprachenfrage gegeben. Während viele Resolutionsentwürfe einstimmig oder ohne Diskussion angenommen wurden, war die Sprachenfrage tatsächlich das einzige auf dem Kongress behandelte Thema, zu dem den Delegierten zwei Resolutionsentwürfe zur Abstimmung vorlagen, die inhaltlich vollkommen gegensätzlich waren. Nach einer wiederum kontroversen Diskussion konnte sich Mecklenburg gegen Meinhofs Entwurf durchsetzen, so dass der Kongress schließlich eine Resolution in seinem Sinne verabschiedete:

---

[81] Ebenda, S. 359.

[82] Diskussion im Anschluss an Meinhofs Vortrag, ebenda, S. 362.

"Daneben ist dahin zu wirken, dass in allen Kolonien das Deutsche unter den Eingeborenen möglichste Verbreitung findet."[83]

Diese Dominanz der "deutsch-nationalen" Tendenz auf dem Kolonialkongress in Berlin 1905 gab Gouverneur Zech in Lome grünes Licht, um seine sprachenpolitischen Vorstellungen gegen die Missionen als Hauptträger des Schulwesens in der Kolonie durchzusetzen und die oben bereits zitierte Verordnung über die Erteilung deutschen Sprachunterrichts zu erlassen.

Die in der Problematik der Sprachenpolitik aufgekommenen Widersprüche jedoch, die in den Auseinandersetzungen zwischen den Missionen und der Regierung ab 1904 sowie zwischen einzelnen Kolonialpolitikern auf dem Kongress sichtbar geworden waren, lösten sich nicht auf. Obwohl in Bezug auf das Ziel, die langfristige Sicherung der deutschen Kolonialinteressen, Einigkeit herrschte, stand man angesichts des Frage, welcher sprachenpolitische Weg für die Kolonien einzuschlagen sei, vor einem Dilemma: Es schien den deutschen Kolonialkreisen einerseits richtig, durch die Verbreitung des deutschen Sprache den deutschen Herrschaftsanspruch über die überseeischen Territorien im Bewusstsein der autochthonen Bevölkerung sowie der europäischen Konkurrenten geltend zu machen. Andererseits hielt man es für ebenso notwendig, die von ihnen als "Schutzbefohlene" bezeichnete Kolonialbevölkerung in einem Zustand der Unwissenheit, Abhängigkeit und Zersplitterung zu halten, was gegen die Verbreitung des Deutschen sprach.

Dieser grundlegende Konflikt wurde nicht dadurch aufgehoben, dass sich die "deutsch-nationale Tendenz" in der Sprachenfrage auf dem Kolonialkongress 1905 durchgesetzt hatte und Gouverneur Zech gegen den Widerstand der Missionen seine Pläne zur allgemeinen Einführung des Deutschunterrichts in allen Schulen der westafrikanischen Kolonie in die Wirklichkeit umsetzte. Vielleicht gerade weil man in Togo ab 1906 praktische Erfahrungen mit der Realisierung der Phrase "Deutsch spricht

---

[83] *Verhandlungen des Deutschen Kolonialkongresses 1905*, a.a.O., S. 1039.

wirklich jeder Schwarze"[84] machte, kam es innerhalb von nur wenigen Jahren in Togo zu einer Wende in der Sprachenpolitik, die eine Annäherung des "deutsch-nationalen" Lagers in Gestalt von Gouverneur Zech an die Position der Missionen und der Anhänger Meinhofs implizierte.

3.3.3 Die sprachenpolitische Wende in der Kolonie Togo ab 1909

So war Gouverneur Zech im Jahre 1909 von seiner Position der allgemeinen Verbreitung des Deutschen als Umgangssprache in der Kolonie bereits wieder abgerückt. In einer Gouvernementsratssitzung am 18. Mai 1909 nahm er den Standpunkt ein,

> "daß die Erziehung der großen Masse der Eingeborenen zu systematischer Arbeit viel wichtiger sei wie die Verbreitung einer allgemeinen Halbbildung in der deutschen Sprache [...]."[85]

Dies entsprach der Position der Missionen, für die – was die weltlichen Aspekte ihrer pädagogischen Arbeit betrifft – die "Arbeitserziehung" eine

---

84 Die zitierte Phrase ist einem Gedicht entnommen, das am 9. September 1907 in Lome von Oberleutnant zur See Matthias geschrieben, aus Anlass eines Empfangs bei Gouverneur Graf von Zech vorgetragen und 1908 in der Zeitschrift *Afrika-Post* veröffentlicht wurde. In dem Gedicht, das eine Imitation des von Justinus Kerner im Jahre 1818 verfassten Gedichts "Der reichste Fürst" ist und den gleichen Titel wie seine Vorlage trägt, prahlen die Gouverneure der deutschen Afrikakolonien mit der Schönheit und dem Reichtum ihrer Herrschaftsgebiete und versuchen, sich dabei zu übertrumpfen. Nachdem die Gouverneure aus Südwest, Kamerun und Ostafrika gesprochen haben, endet das Gedicht mit den folgenden Zeilen:

Schweigend saß der Graf von Togo; / Endlich nahm auch er das Wort: / "Leider hab ich nicht Mangrowen; / Agu birgt kein'n Kupferhort. / Doch ein Kleinod hat mein Ländchen, / Und es macht's den euren gleich: / Deutsch spricht wirklich jeder Schwarze, / Keinen Zuschuß zahlt das Reich!" / Und es rief der Herr aus Osten, / Kamerun und aus Südwest: / "Exzellenz, das Togoländchen / Ist von uns das allerbest!"

(Gedicht zit. nach: Oloukpona-Yinnon, Adjaï Paulin, *Unter deutschen Palmen – Die "Musterkolonie" Togo im Spiegel deutscher Kolonialliteratur (1884-1944)*, Frankfurt a.M. 1998, S. 245.)

85 Amtsblatt, 1909, S. 186, zit. nach: Sebald, a.a.O., S. 498.

herausragende Bedeutung hatte.[86] Zechs Bedenken hinsichtlich einer "allgemeinen Halbbildung in der deutschen Sprache" wurden ebenfalls von den Missionen geteilt und formuliert. Missionsinspektor Martin Schlunk stellte die Argumente der Missionen ausführlich dar, um in Bezug auf die Sprachenpolitik den Verdacht auszuräumen, "als ob man vaterlandslos und undeutsch handelte",[87] und auf die aus der "Halbbildung" erwachsenden politischen Gefahren hinzuweisen:

> "Nein, wenn Deutschland Kolonien haben will, und es muß Kolonien haben, um leben zu können, dann muß jede Schule eine Pflanzstätte des Gehorsams gegen das Deutsche Reich und der Ehrerbietung gegen seine Herrscher sein. Aber dazu ist deutscher Sprachunterricht nicht unbedingt erforderlich. Er kann dazu helfen, er kann aber auch in unreifen Köpfen gerade das Gegenteil bewirken, denn er öffnet den Zugang auch zum Vorwärts und zu aller Literatur, die eine vaterlandslose Gesinnung großziehen möchte. Gesinnung und Sprachverständnis sind zwei grundverschiedene Dinge. Gesinnung ist aber am ersten in der Muttersprache zu beeinflussen. [...] Denn was nützte uns die Sprechfertigkeit [im Deutschen] aus sechs, sieben Schuljahren? Sie würde den Dünkel bei den Eingeborenen erzeugen, als seien sie nun Deutsche, sie würde aber ebenso sicher Halbbildung, vielleicht nur Viertelbildung darstellen [...] Und dabei hätte ein recht beträchtlicher Teil der kolonialen Bevölkerung wegen weniger ausgeprägter Sprachengabe nur eine dürftige Ahnung vom Deutschen bekommen, nicht genug, um es vernünftig verwenden zu können, vielleicht aber gerade genug, um sich davon den Kopf verdrehen zu lassen."[88]

Von Überlegungen dieser Art geleitet vollzog die Kolonialregierung in Togo einen Schwenk in der Sprachen- und Bildungspolitik. Nachdem sie erst 1906 die allgemeine Verbreitung des Deutschen bereits in den unteren Jahrgängen der Elementarschule durchgesetzt und dem Deutschunterricht in den Schulen eine Präsenz verschafft hatte, die über den

---

86 Vgl. hierzu beispielsweise die von der Deutsch-Ostafrikanischen Gesellschaft preisgekrönte Schrift des früheren Superintendenten der Berliner Mission in Transvaal: Merensky, Alexander, *Wie erzieht man am besten den Neger zur Plantagenarbeit?*, Berlin 1886.

87 Schlunk, *Das Schulwesen in den deutschen Schutzgebieten*, a.a.O., S. 80.

88 Ebenda, S. 87 ff.

Status einer ‚gewöhnlichen' Fremdsprache weit hinausging, wurde dies mit Beginn des Jahres 1910 wieder zurückgenommen. Zur Zufriedenheit der Missionsgesellschaften favorisierte das Gouvernement nunmehr eine Art ‚Zweiklassenmodell': Während einerseits die große Mehrheit der Schüler eine einfache Grundbildung in der Landessprache Ewe erhielt, war die Regierung andererseits bestrebt,

> "einer verhältnismäßig kleinen Zahl auserlesener Schüler eine möglichst gründliche Ausbildung, namentlich im Deutschen, zu geben".[89]

Damit wurde der Deutschunterricht zur "Folge und Voraussetzung von Selektionsprozessen".[90] Denn die Möglichkeit, die Fremdsprache tatsächlich zu erwerben, erhielten nunmehr nur noch die wenigen Schüler, die aufgrund von schulischen Leistungen und anderen Faktoren, wie vor allem einer gehobenen sozialen Herkunft,[91] zu einer höheren Bildungsinstitution zugelassen wurden, und gleichzeitig war die Absolvierung eines solchen höheren Bildungsganges mit einer fremdsprachlichen Ausbildung im Deutschen die Bedingung für die Übernahme einer Mittlerposition im kolonialen Herrschaftssystem. Der Erwerb des Deutschen war nunmehr einer Schicht vorbehalten, von der man sich aufgrund ihrer gehobenen gesellschaftlichen Stellung Loyalität gegenüber der deutschen Herrschaft erhoffte und die im gleichen Zuge aufgrund ihrer afrikanischen Herkunft die Funktion einer Stütze der Kolonialherrschaft erfüllen sollte. So schreibt Schlunk über die Absolventen der "gehobenen Schulen":

> "[S]ie stellen in der Tat eine vermittelnde Oberschicht zwischen ihrem Volke und uns dar, und wenn sie so gründlich im Deutschen unterwiesen sind, wie es in Togo z.B. möglich ist, kann ihnen die Sprachkennt-

---

89 Zechs Nachfolger Gouverneur Hans Georg von Doering an das Reichskolonialamt, Lome, 12. September 1910, zit. nach: Erbar, a.a.O., S. 300.

90 Adick, *Bildung und Kolonialismus in Togo*, a.a.O., S. 243.

91 So wurden die Söhne von Häuptlingen bevorzugt an höheren Schulen aufgenommen, um zu verhindern, dass ihre Eltern, die auf eine möglichste hohe Bildung europäischen Typs Wert legten, ihre Kinder zur Ausbildung in die benachbarte englische Goldküstenkolonie sandten. (Vgl. Knoll, *Togo under Imperial Germany 1884-1914*, a.a.O., S. 107.)

nis trotz aller Gefahren für den Charakter, die auch auf dieser Stufe bestehen bleiben, doch nützlich werden für ihr soziales Aufwärtsstreben und uns den Einfluß im Lande, den wir brauchen, soweit sichern, als das durch die Möglichkeit einer sprachlichen Verständigung gewährleistet werden kann."[92]

Obwohl man fortan von einer Verbreitung des Deutschen unter der Masse der afrikanischen Schüler aus Angst vor einem daraus erwachsenden Selbstbewusstsein ("Dünkel") der Kolonialbevölkerung absah und den Erwerb der deutschen Sprache einer intellektuellen und sozialen Elite vorbehielt, war damit jedoch nicht grundlegend die Schwierigkeit gelöst, dass ein höheres Bildungsniveau und eine Erweiterung des kulturellen Horizonts durch Fremdsprachenkenntnis einer Artikulierung von Unzufriedenheit und der Entstehung emanzipatorischer Bewegungen Bahn brechen konnten. Wie es im vorausgegangenen Zitat bereits anklingt, wurde der Zugang zu höherer Bildung und der Sprache der Kolonisatoren von vielen Missionsvertretern und Kolonialpolitikern auch dann noch als problematisch angesehen, wenn er auf eine schmale und privilegierte Schicht beschränkt blieb. Schlunk führte dazu weiter aus:

> "Ich bin fest davon überzeugt, daß in einigen Jahrzehnten das Rassenproblem im Vordergrund unserer kolonialen Interessen stehen wird. Dann darf man ja nicht glauben, die Eingeborenen dadurch, daß man sie deutsch verstehen und deutsch reden lehrte, auf die Seite der weißen Rasse gezogen zu haben. Sie bleiben ganz gewiß Kinder ihres Volkes und werden sich durch die gehobene Stellung, die ihnen um ihrer "Bildung" willen zugefallen ist, höchstens dazu verleiten lassen, die Führer in der Auseinandersetzung gegen uns zu sein."[93]

Ähnlich argumentierte auch der von seinem Plan zur allgemeinen Verbreitung des Deutschen geläuterte Gouverneur Zech auf einer Schulkonferenz 1909 gegen eine höhere Bildung für Afrikaner. Er stellte fest, es mache

---

[92] Schlunk, *Das Schulwesen in den deutschen Schutzgebieten*, a.a.O., S. 89.

[93] Ebenda, S. 89f.

> "sich bei den Schwarzen der Wunsch geltend, den Europäern gleichgestellt zu werden; das ist von den besseren Schwarzen begreiflich, aber nicht gerechtfertigt. Ähnlich ist es mit dem Drang zur Bildung. Wir dürfen hier ihren übertriebenen Wünschen nicht entgegenkommen. Es würde uns sonst gehen wie in manchen anderen Kolonien, in Dahomey, Südnigerien, in der Goldküste. Aber wie sind dort die Zustände? Man hat dort die Klasse der farbigen Rechtsanwälte, Ärzte, Journalisten, die Gleichberechtigung von Weiß und Schwarz, und die Regierungen sehnen sich nach Zuständen, wie sie in Togo sind, ohne sie je wieder herbeiführen zu können."[94]

Die Frage des Unterrichts in europäischen Fremdsprachen war letztlich Teil der Frage, ob man der Kolonialbevölkerung eine höhere Bildung zukommen lassen wollte. Die Kolonialregierung sah sich in diesem Punkt vor ein nicht zu bewältigendes Problem gestellt, da die Verweigerung einer solchen Bildung zwar einerseits eine leichter zu beherrschende Untertanenschaft zu garantieren schien, man andererseits aber für die wirtschaftliche und infrastrukturelle Entwicklung der Kolonie auf qualifizierte afrikanische Kräfte angewiesen war und ebenfalls eine Abwanderung bildungshungriger Schichten verhindern wollte. Das Lavieren der Regierung in der Sprachenpolitik, ihr nach wenigen Jahren vollzogener Schwenk von einer Politik mit dem Ziel der allgemeinen Verbreitung des Deutschen in Togo hin zur Beschränkung einer fremdsprachlichen Bildung auf eine sozial privilegierte autochthone Elite, die als Stütze des Regime herangezogen werden sollte, kann schließlich nur als Ausdruck dieses unüberbrückbaren Konflikts verstanden werden. Das ab 1910 eingeführte Modell, das den Erwerb des Deutschen nur für die zwischen den Kolonialherren und der Masse der Kolonialbevölkerung vermittelnde afrikanische Oberschicht vorsah, wurde bis zum Ende der deutschen Herrschaft über Togo im August 1914 beibehalten, ohne dass es letztendlich eine wirkliche Lösung für das Problem der Bildungs- und Sprachenpolitik darstellte, mit dem sich die Regierung in Lome konfrontiert sah.

---

94 Amtsblatt, 1909, S. 324f, zit. nach: Sebald, a.a.O., S. 498.

3.3.4 Zusammenfassung und Bewertung der sprachenpolitischen Kontroversen und Entwicklungen

Die oben dargestellten Kontroversen über die Sprachenpolitik in den Kolonien allgemein und die Wendungen, die in der Sprachenpolitik der Kolonie Togo vollzogen wurden, sind von einem deutlichen Widerspruch geprägt. Während es das gemeinsame Anliegen aller an diesen Debatten und Entscheidungen Beteiligten war, die deutsche Kolonialherrschaft zu stabilisieren, gegen die europäischen Konkurrenten in Afrika zu stärken und einem Aufbegehren der unterdrückten afrikanischen Bevölkerung vorzubeugen, waren ihre Vorstellungen, wie dieses Ziel im Bereich der Sprachenpolitik zu erreichen sei, äußerst gegensätzlich.

Dieser immanente Widerspruch in der Sprachenpolitik bestand darin, dass die Verbreitung des Deutschen als Fremdsprache in der Kolonie Togo einerseits als notwendig erachtet wurde, um das Land verwalten zu können und ihm als Gebiet des Kaiserreiches eine ‚deutsche Prägung' zu verleihen, d.h. die Kolonialbevölkerung zu loyalen Untertanen zu machen und gegenüber den europäischen Konkurrenten den ‚nationalen' Anspruch auf das Territorium zu betonen, andererseits aber als potenziell destabilisierender Faktor erkannt wurde, da das Deutsche geeignet war, die verschiedenen Stämme des Gebietes sprachlich zu einigen, vor allem aber, weil die Sprache der Kolonialbevölkerung einen Zugang zur deutschen Kultur schuf.

Der letzte Punkt verdient eine nähere Betrachtung. Da die Fremdsprache Deutsch ab 1910 zu Gunsten des Ewe – das ebenso gut die Rolle einer alle Togolesen einigenden Sprache spielen konnte und für viele Schüler eine Fremdsprache war – aus der Elementarbildung genommen wurde, ist die Annahme erlaubt, dass gerade die durch die Beherrschung des Deutschen ermöglichte Teilhabe an der deutschen Kultur den entscheidenden Faktor für die Entscheidung darstellte, die Sprache der Kolonialherren nur noch einem verhältnismäßig kleinen Kreis ausgewählter Afrikaner zu lehren, deren Loyalität sich man durch Vergabe von gesellschaftlich privilegierten Posten zu sichern gedachte.

Während die so genannte "Steuerarbeit" oder Prügelstrafen der Kolonialbevölkerung sicherlich auch eine gewisse Vorstellung von der Kultur ihrer Kolonialherren vermittelten, bot sich demjenigen, der die deutsche Sprache beherrschte, jedoch ein wesentlich differenzierteres Bild der Deutschen: Mit der Möglichkeit, Gespräche der in Togo ansässigen Deutschen zu verstehen sowie deutsche Publikationen zu lesen, waren sie in die Lage versetzt, Konflikte und Debatten zwischen Individuen wie auch gesellschaftlicher Art zu erkennen, zu verfolgen und einzuschätzen. So kann es nicht verwundern, dass von den Gegnern der Verbreitung des Deutschen in den Kolonien immer wieder betont wurde, wie unangenehm und mithin sogar gefährlich es sei, wenn die farbigen Hausangestellten und Arbeiter die Gespräche ihrer Herren verständen. Darüber hinaus fällt auf, wie häufig von denselben Kreisen explizit davor gewarnt wurde, der Kolonialbevölkerung durch Sprachvermittlung den sozialdemokratischen *Vorwärts* oder andere "vaterlandslose" Literatur zugänglich zu machen. Die Lektüre des Zentralorgans der deutschen Sozialdemokratie, die sich zur Zeit des deutschen Kolonialismus noch als revolutionäre Arbeiterpartei verstand und für die Beseitigung des Kaiserreichs durch eine Revolution und die Errichtung des Sozialismus eintrat, konnte der Bevölkerung in den Kolonien tatsächlich einen Zugang zu einer gänzlich anderen Kultur in Deutschland vermitteln – einer Kultur derjenigen, die sich in Deutschland von den gleichen Herren unterdrückt sahen, die in Afrika ihren "Platz an der Sonne" suchten, und die sich zum Sturz derselben zusammengeschlossen hatten. In Anbetracht der Tatsache, dass die Arbeiterbewegung in Deutschland von den politischen Eliten als ernsthafte Bedrohung ihrer Herrschaft wahrgenommen wurde und, wie eingangs festgestellt, der Kolonialismus nicht zuletzt eine Reaktion auf die innenpolitische Krise des Kaiserreichs darstellte, dürfte die Vorstellung einer unzufriedenen, "halbgebildeten" Kolonialbevölkerung, die mit den emanzipatorischen Bewegungen in Deutschland in Kontakt kommt, zweifellos der Albtraum eines jeden Kolonialherren gewesen sein.

Nicht zuletzt manifestiert sich auch in den Petitionen an den Reichstag ein sprachlich vermittelter Zugang zur Kultur in Deutschland, der ein aktives Eingreifen in die politischen Entscheidungsprozesse in Deutschland selbst darstellt. Indem sich die Beschwerdeführer an das – zwar weitgehend machtlose, aber demokratisch gewählte – Parlament wandten, richteten sie sich zugleich an die deutsche Öffentlichkeit, in deren offizieller Vertretung kein Platz für die Untertanen der Kolonien vorgesehen war.

Diese durch die Kenntnis der Sprache praktisch erst ermöglichte Teilhabe an der fremden Kultur – ihren sozialen und politischen Organisationsformen und Institutionen, ihren gesellschaftspolitischen Debatten, ihren Publikationen und ihrem Wissen schlechthin – bildete den Hauptgrund, warum letztendlich davon Abstand genommen wurde, der Masse der Kolonialbevölkerung Deutsch zu vermitteln, und auch warum die Verbreitung anderer europäischer Sprachen als schädlich betrachtet wurde. Denn wenn beispielsweise die Deutsche Kolonialgesellschaft Bedenken gegen den Englischunterricht hegte, weil "[j]eder Schwarze, der Englisch könne und sich nur einmal in einer englischen Kolonie aufgehalten habe, [...] sich aber als british subject"[95] verstehe, so wird hier die gleiche Funktion der Fremdsprache, Zugang zu einer fremden Kultur zu ermöglichen, nur unter anderem Vorzeichen benannt.

Kurz nach der Jahrhundertwende, als die politische Herrschaft in den deutschen Kolonien konsolidiert worden war und man zu einer systematischen Bildungspolitik überging, wurde von den mit der Kolonialpolitik befassten Eliten in der Sprachenfrage zunächst stark die Möglichkeit betont wurde, dass über die Fremdsprachenvermittlung eine Identifizierung der Kolonialbevölkerung mit der deutschen Herrschaft zu erreichen sei. Diese "deutsch-nationale Tendenz" ging jedoch schon wenige Jahre später deutlich zurück und wich dabei zunehmend der Erkenntnis, dass beim Prozess der Akkulturation auch andere Faktoren eine wichtige Rolle spielen und durch Vermittlung des Deutschen mithin auch das Gegenteil erreicht werden könnte: eine klarer artikulierte Unzufriedenheit mit den Verhältnissen im Schutzgebiet und der Wunsch nach weiteren und höheren Bildungsmöglichkeiten, einem unbeschränkten Zugang zur

95 Seidel, a.a.O., S. 502.

deutschen Kultur, einer Teilhabe am Wissen und Lebensstandard der Kolonialherren und der Gleichstellung von Menschen verschiedener Hautfarbe.

Der Versuch der deutschen Kolonialherren, dieses Dilemma dadurch zu lösen, dass sie der Masse der Bevölkerung lediglich eine einfache Grundbildung gestattete und eine höhere Schulbildung nur für eine Elite vorsah, die durch eine privilegierte soziale Stellung an das Regime gebunden werden sollte, beseitigte indes nicht den grundlegenden Widerspruch, der letztlich die gesamte koloniale Bildungspolitik prägte und der von Wolfgang Mehnert bereits 1965 in seiner grundlegenden Studie zur kolonialen Pädagogik auf den Punkt gebracht wurde:

> "Dieser Antagonismus ist letzten Endes gekennzeichnet durch die eigentümliche Verbindung des Verlangens der Kolonialprofiteure nach einer eng begrenzten Realbildung mit der Furcht der gleichen Kreise vor einer solchermaßen ‚gebildeten' Kolonialbevölkerung."[96]

Angesichts der Schlüsselfunktion, die der Sprache als Grundvoraussetzung für den Zugang zu Informationen und Wissen zukam, fand dieser Widerspruch in der sprachenpolitische Kontroverse und Entwicklung seinen schärfsten Ausdruck.

---

[96] Mehnert, Wolfgang, *Schulpolitik im Dienste der Kolonialherrschaft des deutschen Imperialismus in Afrika (1884-1914)*, Leipzig 1965, S. 276.

3.4 Exkurs: Bestrebungen zur Etablierung einer vereinfachten deutschen Verkehrssprache in den Kolonien

In einem letzten Abschnitt zur Sprachenpolitik des deutschen Kolonialismus soll auf die Bestrebungen zur Schaffung und Verbreitung einer grammatikalisch und lexikalisch drastisch vereinfachten Form der deutschen Sprache, einer Art Pidgin-Deutsch, eingegangen werden, auch wenn die ab 1916 in sehr konkreter Form vorgelegten Pläne und Entwürfe für dieses vereinfachte Deutsch letztlich schon allein durch den Verlust der Kolonien im Ersten Weltkrieg nicht mehr zum Tragen kamen. Nichtsdestotrotz lohnt sich eine Untersuchung dieses Vorhabens in diesem Kontext, da es einen außergewöhnlichen Versuch darstellte, das oben dargelegte Dilemma der Sprachenpolitik in den deutschen Kolonien zu lösen.

Erste Hinweise auf eine Diskussion in kolonialpolitischen Kreisen um die Einführung einer künstlichen Hilfssprache in den Kolonien finden sich bereits in den Dokumenten des Deutschen Kolonialkongresses von 1910. Auf dem Kongress hielt der Sprachwissenschaftler Carl Meinhof einen Vortrag mit dem Titel "Die praktische Bedeutung der Einheitssprachen für die Kolonien", in dem er erwähnt, dass er in Zuschriften gedrängt worden sei, für die Einführung des Esperanto als künstliche Einheitssprache in den Kolonien einzutreten, und der Vorschlag aufgekommen wäre, "das Pidgeon-Englisch durch ein Pidgeon-Deutsch zu ersetzen."[97]

Beide Vorschläge werden von ihm abschlägig behandelt, das Esperanto, weil es an europäischen Sprachen orientiert und daher für Afrikaner schwer zu erlernen ist, das Pidgin-Deutsch, weil er ein solches als "Misshandlung" seiner Muttersprache betrachtet und die Pidgin-Sprache nicht als Kunstsprache, sondern als eine auf natürlichem Wege, im

[97] Meinhof, Carl, *Die praktische Bedeutung der Einheitssprachen für die Kolonien*, in: *Verhandlungen des Deutschen Kolonialkongresses 1910*, Berlin 1910, S. 737.

Kontakt mit der Zielsprache entstandene Mischsprache versteht: "Dergleichen lässt sich nicht machen, sondern es wird."[98]

Meinhofs Standpunkt in dieser Frage wurde schon auf dem Kongress widersprochen, und im Jahre 1916 verbreitete der königlich bayerische Hofrat Emil Schwörer seine Ideen zur Einführung einer künstlich entworfenen Pidgin-Sprache, des so genannten "Kolonial-Deutsch" in einer Artikelserie in der *Deutschen Kolonialzeitung*, in der er politisch für seine Pläne warb, und mit seinem Werk *Kolonial-Deutsch*,[99] in dem er Grammatik und Lexikon der drastisch vereinfachten Sprache nebst Beispielen für den Gebrauch darstellte.

Das "für den Verkehr mit rassefremden Eingeborenen"[100] bestimmte Pidgin-Deutsch sollte nach Schwörers Vorstellungen als Einheitssprache in den Kolonien zur "Geltendmachung eines berechtigten Herrenstandpunkts"[101] gegenüber der Kolonialbevölkerung dienen und gegenüber den europäischen Rivalen die Stellung der Deutschen als "Siegervolk"[102] bekräftigen. Neben diesen "deutsch-nationalen" Motiven sollte das "Kolonial-Deutsch" aber vor allem den Zweck erfüllen, der afrikanischen Bevölkerung ein rudimentäres Deutsch als Verkehrssprache aufzuzwingen, das praktisch keine Bildung voraussetzte und die Kolonialbevölkerung nicht in die Lage versetzte, hochdeutsche Texte zu verstehen oder zu produzieren oder an einem Gespräch zwischen Muttersprachlern teilhaben zu können.

Stellte Meinhof auf dem Kongress 1910 noch zur Sprachenverbreitung in Togo fest, dass "das Deutsch hier ersichtliche Fortschritte gemacht [hat], so sehr, dass man anfängt, über das Entstehen eines gebildeten Proleta-

---

98 Ebenda, S. 738.

99 Schwörer, Emil, *Kolonial-Deutsch. Vorschläge einer künftigen deutschen Kolonialsprache in systematisch-grammatikalischer Darstellung und Begründung*, Diessen vor München 1916.

100 Ebenda, S. 15.

101 Schwörer, Emil, *Zur künftigen Sprachenfrage in den deutschen Kolonien*, in: *Deutsche Kolonialzeitung*, 33 Jg., Nr. 1, 20. Januar 1916, S. 10.

102 Ebenda.

riats besorgt zu sein",[103] so verfolgte Schwörers "Kolonial-Deutsch" gerade das Ziel, die Kolonien ‚deutschsprachig' zu machen und sich dabei eine ungebildete Untertanenschaft zu erhalten:

> "Es würde sich also unser völkisches Empfinden mit den nüchternen Erwägungen der wirtschaftlichen Ausnützung unserer Kolonien in erfreulicher Weise decken."[104]

Das von Schwörer entworfene Pidgin-Deutsch beruht auf einer drastisch vereinfachten Grammatik und einem minimalen Wortschatz. Seine grammatikalischen Vorschläge umfassen unter anderem: einen einzigen, unveränderlichen Artikel; einheitliche Pluralbildung auf -en; keine Deklination von Substantiven und Adjektiven; eine beschränkte Zahl von Pronomen, Adverbien und Konjunktionen; mehrstellige Zahlen sollen gemäß der Reihenfolge der Ziffern gesprochen werden.

Was das Verb betrifft, so sollen nach Schwörer nur sechs Hilfsverben – sein, haben, wollen, können, müssen, tun – in Verbindung mit Infinitiven benutzt und in zwei Zeiten – Präsens und Präteritum – konjugiert werden.[105] Die Syntax soll nach seinen Empfehlungen "so einfach als möglich sein",[106] das heißt sich im Wesentlichen auf kurze Hauptsätze beschränken. Schwörer führt dazu aus:

> "Im Allgemeinen wird man den "Stil" des K.D. [Kolonial-Deutsch] in gewisser Beziehung mit der militärischen Sprechweise vergleichen dürfen, wie ja überhaupt das Verhältnis des Weißen zum Eingeborenen, der jenem immer untergeordnet sein wird, einem solchen Vergleich sehr häufig entsprechen wird."[107]

---

[103] Meinhof, *Die praktische Bedeutung der Einheitssprachen für die Kolonien*, a.a.O., S. 736.

[104] Schwörer, *Zur künftigen Sprachenfrage in den deutschen Kolonien*, a.a.O., S. 11.

[105] Der Autor selbst illustriert diese Vorschläge mit den Beispielen "er tut lesen" und "ich wohnen tat". (Schwörer, *Kolonial-Deutsch*, a.a.O., S. 34.)

[106] Ebenda, S. 40.

[107] Ebenda.

In Bezug auf das Lexikon hat Schwörer "das für afrikanische Sprachbedürfnisse erforderliche Maß"[108] auf 500 bis 600 Wörter festgelegt, wovon er wiederum 150 als "eisernen Bestand" bezeichnet, die zur "notdürftigen Verständigung"[109] ausreichten. Bestimmte Berufsgruppen sollen zudem mit Wortfeldern bekannt gemacht werden, die zur Ausübung ihrer Tätigkeit notwendig sind. Schwörer nennt hier insgesamt sechs Wortfelder, die jeweils 50 bis 100 Wörter umfassen sollen, für "sprachliche Sonderzwecke":

> "a) Religion und Schulunterricht, b) die Organisation und Tätigkeit der Behörden, c) das Militärwesen, d) das Pflanzungswesen, Ackerbau, Viehzucht, Jagd, e) den Handel und Verkehr, f) häusliche Geschäfte (auch Dienstbotenwesen)."[110]

Die Zusammenstellung des Lexikons geschieht nach folgenden Kriterien: Die Wörter sollen leicht auszusprechen sein;[111] wegen der einheitlichen Pluralbildung auf -en sollen möglichst solche Wörter ausgewählt werden, die den Plural mit -en bilden oder deren vereinfachter Plural dem deutschen Muttersprachler nicht zu fremd erscheint;[112] und schließlich sollen auf der Ebene der Pragmatik "nur Wörter ausgewählt werden, die [...] für den Verkehr der Weißen mit den Schwarzen, namentlich für unsere eigenen kolonialen Zwecke Bedeutung haben".[113] Dass der "eigene koloniale Zweck" im Umgang mit der autochthonen Bevölkerung vor allem darin besteht, ihre Arbeitskraft auszubeuten und sie auch durch

---

[108] Ebenda, S. 44.

[109] Ebenda, S. 48.

[110] Ebenda, S. 49.

[111] Schwörers Ansicht nach haben Afrikaner Probleme mit der Aussprache von kehligen Lauten, gehäuften Konsonanten und Diphtongen; er zeigt sich zu großzügigen Zugeständnissen bereit, wenn es einer Erleichterung der Aussprache dient: "Auch Fremdwörter wie Instrument (für das unaussprechbare Werkzeug) mögen erlaubt sein [...]. Ein übertriebener Sprach-Purismus wäre nicht am Platz." (Ebenda, S. 48.)

[112] So schlägt er beispielsweise vor, "Henne" statt "Huhn" zu benutzen.

[113] Ebenda, S. 45.

mangelnde Bildung und Unwissenheit in Abhängigkeit zu halten, wird auch in seinen Ausführungen zur Auswahl des Wortschatzes deutlich:

> "Insbesondere sind abstrakte Begriffe (wie Prinzip, Moral, Autorität, Wissenschaft), für welche der Neger nur sehr selten Verständnis haben wird, überflüssig und zu vermeiden, auch Wörter und Sätze mit komplizierter Konstruktion [...]."[114]

Vor dem Hintergrund der langjährigen sprachenpolitischen Kontroverse und des oben beschriebenen Dilemma des deutschen Kolonialismus in Bezug auf die Sprachverbreitung in seinen "Schutzgebieten" müssen Schwörers Anstrengungen zur Etablierung einer deutschen Pidginsprache als Versuch verstanden werden, den imperialen Ansprüchen des Kaiserreiches im Bereich der Sprachenpolitik einen Ausweg aus der Lage zu weisen und die Verbreitung des Deutschen vom Zugang zu Bildung und Kultur zu entkoppeln. Das Ziel bestand darin, die Kolonien auch sprachlich als deutsch zu markieren, sowohl gegenüber den europäischen Rivalen als auch im Bewusstsein der afrikanischen Untertanen, die sich auch sprachlich den Bedürfnissen ihrer ‚Herren' anpassen sollten, ohne dabei eine Kompetenz zu erlangen, die über das unmittelbare Feld ihrer Tätigkeit als billige Arbeitskraft hinausging. Die Vorschläge Schwörers, die glücklicherweise nie praktisch erprobt wurden, liefen darauf hinaus, Unkenntnis, ein äußerst niedriges Bildungsniveau und die Sprachgrenzen zwischen den verschiedenen afrikanischen Ethnien zu zementieren und die Bevölkerung der Kolonien im Rang abhängiger, unwissender billiger Arbeitskräfte zu halten.

---

[114] Ebenda, S. 47.

4 Gestaltung des Deutschunterrichts

Im folgenden Kapitel soll ein Blick auf die praktische Ausgestaltung des Deutschunterrichts an den Schulen in der Kolonie Togo geworfen werden. Anhand der zur Verfügung stehenden curricularen Dokumente wie Stundentafeln, Schul- und Lehrplänen sowie zeitgenössischen Studien und Bewertungen zum Unterricht an den Kolonialschulen soll versucht werden, die Fragen zu beantworten, was im Fremdsprachenunterricht Deutsch gelehrt und gelernt wurde, welche Unterrichtsmaterialien und Lehrmethoden verwendet wurden, über welche Qualifikationen das Lehrpersonal verfügte, welche Sprachkenntnisse die Absolventen schließlich aufwiesen und welche Berufschancen sich dadurch für sie ergaben.

Die möglichst genaue Beschreibung der Realität des Deutschlernens in der Kolonie Togo soll schließlich mit den im vorangegangenen Kapitel dargestellten kolonialen Interessen in Verbindung gesetzt werden, d.h. es soll untersucht werden, inwiefern sich im Curriculum und in den Unterrichtsbedingungen das koloniale Interesse manifestierte bzw. sich die politischen und sozioökonomischen Motive hinter der Sprachenpolitik des deutschen Kolonialismus in der konkreten Ausgestaltung des Fremdsprachenunterrichts Deutsch widerspiegelten.

In den ersten Jahren der deutschen Kolonialherrschaft, die in den vorangegangenen Kapiteln bereits als Konsolidierungsphase beschrieben worden sind, existierten keine einheitlichen Lehrpläne. Die einzelnen Missionsgesellschaften verfügten relativ unabhängig von der deutschen Kolonialregierung über ein Bildungsmonopol und der Unterricht an ihren Schulen und Stationen wurde gemäß ihrem missionarischen Bekehrungsinteresse gestaltet und zum Teil, um Schüler zu gewinnen, auch den Bildungsinteressen der autochthonen Bevölkerung angepasst. So verfassten die einzelnen Missionen zwar frühzeitig Schulordnungen und Lehrpläne,[115] doch es gab keine Konvergenz zwischen den Schulen ver-

---

[115] Der älteste bekannte *Lehrplan für die Stationsschulen in Afrika*, der auch in Togo Anwendung fand, stammt aus dem Jahre 1869 von der Norddeutschen Mission. (Vgl. Adick, Christel, *Theorie und Analyse kolonialer Lehrpläne*, in: *Bildung und Erziehung*, 38. Jg., 1985, Nr. 4, S. 517.)

schiedener Missionsgesellschaften und die Missionare und Lehrenden hatten bei der Gestaltung des Unterrichts vergleichsweise freie Hand, da sie nur ihren Missionen gegenüber verantwortlich waren.

Wie bereits weiter oben dargestellt, führte das zunehmende Steuerungsinteresse der Kolonialregierung an den schulisch vermittelten Qualifikationen und Bildungsinhalten, das sich nach dem Ende der Konsolidierungsphase um die Jahrhundertwende bemerkbar machte, nicht nur zur Einrichtung eines Regierungsschulwesens, das sich an dem deutschen Volksschulwesen orientierte, sondern auch zu einer stärkeren staatlichen Einflussnahme auf die Bildungstätigkeit der Missionen. Ab 1900 begann die Kolonialregierung, sich gegenüber den Missionsgesellschaften sukzessive als "Schulaufsichtsbehörde" zu etablieren und sowohl auf die formalen Rahmenbedingungen als auch auf die inhaltliche Gestaltung der schulischen Bildung und des Unterrichts in der Kolonie einzuwirken.

Während die vom Gouvernement 1904 entworfene und 1906 erlassene Schulordnung lediglich in Bezug auf den Deutschunterricht steuernd eingriff und ihren sprachenpolitischen Überlegungen entsprechend das Deutsche als einzige europäische Fremdsprache im Unterricht erlaubte und für alle Klassen verpflichtend als Unterrichtsfach und teilweise auch Unterrichtssprache für andere Fächer vorschrieb, ging die nachfolgende Schulordnung von 1910 in Bezug auf die Festlegung von Unterrichtsinhalten an den Schulen der Kolonie wesentlich weiter. Letztere löste die Verfügung von 1906 ab und verpflichtete die Missionen zur Einführung des *Lehrplans für die Volksschulen des Schutzgebietes Togo.*[116] In diesem wurde zwar politischen Erwägungen folgend der Unterricht im Deutschen stark zurückgenommen, dafür aber die so genannten Realien (Heimatkunde, Erdkunde, Geschichte und Naturkunde), auf die die Missionen traditionell wenig Wert gelegt hatten, deutlich gestärkt.

---

[116] In: Adick/Mehnert, a.a.O., S. 167ff.

In Hinblick auf das vorangegangene Kapitel zur Sprachenpolitik des deutschen Kolonialismus soll bei der folgenden Lehrplananalyse das Augenmerk auf die Stellung und inhaltliche Gestaltung des Deutschunterrichts nach den Musterlehrplänen der Regierung von 1904/06 und 1910 gerichtet sein. Zwar wurde auch bereits zuvor an den Regierungsschulen und an einzelnen Missionsanstalten Deutschunterricht erteilt, aber tatsächlich zum Tragen kamen die oben dargestellten sprachenpolitischen Konzeptionen erst im Zuge der verstärkten staatlichen Intervention in das Schulwesen. Die "deutsch-nationalen" Ambitionen des Gouverneurs Zech bildeten schließlich ein starkes Motiv hinter der Einberufung der ersten Schulkonferenz 1904 und der nachfolgenden Durchsetzung des Deutschen als Unterrichtsfach für alle Stufen, ebenso wie seine veränderte Haltung in der so genannten Sprachenfrage sich im neuen Musterlehrplan ab 1910 niederschlug.

4.1 Lehrpläne

Das Gouvernement hatte mit Erlass der Schulordnung von 1906 jeden Sprachunterricht in einer anderen lebenden Sprache als Deutsch oder der Landessprache verboten und einen Musterlehrplan für die "Unterrichtserteilung im Deutschen" vorgegeben. Der Lehrplan, der auf fünf Schuljahre bei ca. 30 Wochenstunden Unterricht ausgelegt war, bestand zum größten Teil aus Sprachunterricht im Deutschen. Im Rahmen des Deutschunterrichts sollten den Schülern über die fünf Kurse progressiv die folgenden Fertigkeiten und Inhalte vermittelt werden:

- Sprechen (Wörter, Sätze, Befehle, Nacherzählungen aus dem täglichen Leben),
- Lesen (Lateinschrift, deutsche Druckschrift),
- Schreiben/Aufsatz (Erzählungen, Beschreibungen, Geschäftskundliches),
- Grammatik (Formenlehre, Satzlehre),
- Rechtschreiben (Abschreiben, Diktate, Niederschriften aus dem Gedächtnis),
- Schönschreiben (Lateinische Schrift, Taktschreiben),

- Auswendiglernen (Sprichwörter, Lieder, Sinnsprüche, Lesestücke, Gedichte).[117]

Auch das Fach Singen kann als Teil des Deutschunterrichts verstanden werden, das vor allem der Ausspracheschulung diente.

Neben dem Deutschunterricht waren im Lehrplan auch die Fächer Rechnen sowie ab der dritten Klasse zusätzlich Geschichte und Erdkunde und ab der vierten Klasse schließlich auch Gesundheitslehre enthalten.[118]

Für alle Fächer des Regierungslehrplans war vorgesehen, dass der Unterricht auf Deutsch erteilt wurde, so dass Erbar zu dem Schluss kommt, alle Fächer des Kanons hätten "letzten Endes jedoch nur einem Ziel: dem Erlernen der deutschen Sprache" gedient.[119] Im Lichte von Gouverneur Zechs sprachenpolitischen Überzeugungen kann allerdings davon ausgegangen werden, dass der auf Deutsch abgehaltene Unterricht nach dem Musterlehrplan der Kolonialregierung nicht nur die Sprachkenntnisse der Schüler verbessern, sondern u.a. über die Sprache ein "deutsch-nationales Gefühl" in ihnen wecken sollte. Diesem Ziel entsprachen z.B. die Unterrichtsinhalte im Geschichtsunterricht, wo das deutsche Kaiserhaus, der deutsch-französische Krieg von 1870/71 und die "Untertanenpflichten" der Kolonialbevölkerung behandelt wurden, die Geschichte Togos oder Westafrikas dagegen keinerlei Rolle spielte. Gleiches lässt sich für die Lieder feststellen, die an der Schule gelehrt wurden: Nach der Erhebung des Hamburgischen Kolonialinstituts lernten die afrikanischen Schüler auf der Elementarschule deutschsprachige

---

117 Vgl. Adick, Bildung und Kolonialismus in Togo, a.a.O., S. 203f.

118 Aus dem *Jahresbericht der Regierungsschule Sebevi* von 1909 geht hervor, dass in den meisten Klassen auch ein bis zwei Wochenstunden dem Turnen gewidmet waren. Gleichzeitig lässt sich am beigefügten Lehrplan dieser Schule auch das extensive Ausmaß des Deutschunterrichts erkennen: So wurden in den fünf Schuljahren jeweils zwischen 21 und 25 der insgesamt 31 Wochenstunden Unterricht auf die verschiedenen Fächer des Deutschunterrichts verwandt (Anschauungsunterricht, Lesen, Aufsatz, Sprachlehre, Übersetzen, Sprechübungen, Auswendiglernen, Rechtschreiben, Schönschreiben, Singen). (In: Adick/Mehnert, a.a.O., S. 166.)

119 Erbar, a.a.O., S. 297, Fußnote 334.

Lieder wie "Ich hatt' einen Kameraden", "Ich bin ein Togoknabe", "Nun ade, du mein lieb Heimatland", "Heil dir im Siegerkranz", "Deutschland, Deutschland über alles" und andere, die offensichtlich patriotische Gefühle gegenüber dem Deutschen Reich hervorrufen sollten.[120]

Dieser Lehrplan wurde an den Regierungsschulen umgesetzt, auf die Curricula der Missionsschulen, die den rechtlichen Status von Privatschulen genossen, konnte die Kolonialregierung nur indirekt, durch die Vergabe von Schulbeihilfen einwirken. Missionsschulen, die nach der Schulordnung von 1906[121] weiterhin staatliche Beihilfen erhalten wollten, waren verpflichtet, im ersten Schuljahr mindesten sechs Stunden, im zweiten mindestens acht und ab dem dritten mindesten zehn Wochenstunden ihres Unterrichts dem Fächerkanon dieses Lehrplans in deutscher Sprache zu widmen. Dies führte nicht nur dazu, dass die Missionen verstärkt deutschen Sprachunterricht in ihre Curricula aufnahmen, sondern auch einen Teil der Fächer, wie z.B. Singen, Rechnen oder Geschichte, in deutscher Sprache erteilten. So geht beispielsweise aus einem Lehrplan der Norddeutschen Mission in Togo von 1907[122] für das vierte und fünfte Schuljahr hervor, dass die Hälfte der Mathematikstunden auf Deutsch, die andere Hälfte auf Ewe erteilt wurde.

Das Gouvernement hatte mit seinem Eingriff in das Schulwesen der Kolonie und seinen curricularen Vorgaben durch den Regierungslehrplan ab 1906 nicht nur Deutsch zur einzigen europäischen Fremdsprache gemacht, die in den Bildungsinstitutionen Togos unterrichtet werden durfte, sondern gleichzeitig dem Deutschen in den Lehrplänen der elementarbildenden Schulen einen Status verliehen, der weit über den einer ‚gewöhnlichen' Fremdsprache hinausging. Dies entsprach dem sprachenpolitischen Ziel der Kolonialregierung unter Graf Zech, der zu diesem Zeitpunkt das Deutsche als Umgangs- und Verkehrssprache in Togo etablieren und zum "Bindemittel zwischen den Eingeborenen und

---

[120] Vgl. Schlunk, *Die Schulen für Eingeborene*, a.a.O., S. 12.

[121] *Schulordnung für die Beihilfevergabe der Regierung an die Missionsschulen in Togo*, 1906, in: Adick/Mehnert, a.a.O., S. 276f.

[122] In: Adick, *Bildung und Kolonialismus in Togo*, a.a.O., S. 350f.

ihren deutschen Beherrschern"[123] machen wollte. Das Bestreben, die Kolonialbevölkerung vermittels der schulischen Lerninhalte und des Unterrichts in der deutschen Sprache zu loyalen Untertanen des Kaisers zu machen, zeigt sich exemplarisch auch an den Themen der zentralen Abschlussprüfungen für Absolventen der fünfjährigen Elementarstufe, die im November 1909 in Lome durchgeführt wurden. Die Prüfungssprache war Deutsch und die Absolventen mussten über anderthalb Stunden einen Aufsatz zum Thema "Was haben die Europäer uns Gutes gebracht?" schreiben, wurden in Erdkunde zu "Europa und Deutschland" und in Geschichte zur Regierungszeit von Wilhelm I geprüft.[124] Rudolf Asmis, der selbst der dreiköpfigen Prüfungskommission angehörte, berichtete, dass einer der "Hauptprüfungsgegenstände bei diesen Abgangsprüfungen [...] der Abschnitt des Lehrbuchs über die Pflichten gegen die Obrigkeit" war.[125]

Die 1910 erlassene Schulordnung samt *Lehrplan für die Volksschulen des Schutzgebietes Togo*[126] ersetzte die Schulordnung und den Musterlehrplan von 1906. Während nach der neuen Schulordnung weiterhin Deutsch die einzige erlaubte europäische Fremdsprache an den Schulen Togos blieb, wurde die Rolle des Deutschen in der elementarbildenden Schule deutlich zurückgenommen. Zwar war die deutsche Sprache neben Rechnen, Singen und Realien (Heimatkunde, Erdkunde, Geschichte, Naturkunde) weiterhin als Unterrichtsgegenstand im Lehrplan vorgesehen: Der Unterricht im Deutschen sollte hiernach die Bereiche Sprachlehre, Lesen, Aufsatz, Rechtschreiben und Schönschreiben umfassen und die Schüler nach der inzwischen auf sechs Schuljahre festgelegten Elementarbildung befähigen,

> "deutsch zu verstehen, sich gut verständlich und sprachrichtig in deutscher Sprache schriftlich und mündlich auszudrücken, sinnrichtig aus dem deutschen in die Landessprache und umgekehrt zu übersetzen,

---

[123] Vgl. S. 63.

[124] Vgl. Sebald, a.a.O., S. 501.

[125] Asmis, a.a.O., S. 131.

[126] In: Adick/Mehnert, a.a.O., S. 167ff.

> soweit die Gegenstände einfachen Inhalts sind und die sprachliche Form keine großen Schwierigkeiten bietet."[127]

Doch die Schulordnung entband die Missionen von der vorherigen Verpflichtung, bereits in den unteren Klassen Deutsch als Fremdsprache in ihren Schulen einzuführen. Es heißt dort:

> "Die Verteilung des Lehrstoffs auf die einzelnen Schuljahre bleibt den Missionen überlassen. Der Lehrplan, der alte wie der neue, dient von nun an nur als Anhalt."[128]

Während für ein Bestehen der zentralen Abgangsprüfung am Ende der Elementarstufe weiterhin Deutschkenntnisse nach den Maßgaben des Lehrplans erforderlich waren, blieb es den Missionen freigestellt, wann sie an ihren Schulen den Fremdsprachenunterricht Deutsch einführten und welchen Rahmen sie diesem einräumten. Die Tatsache, dass ab 1910 die staatlichen Beihilfen an die Missionsschulen in Höhe von insgesamt 15.000 Mark nach der Anzahl der Schüler vergeben wurden, die die amtlichen Abgangsprüfungen bestanden, übte zwar einen gewissen finanziellen Druck auf die Missionen aus, sich am Regierungslehrplan zu orientieren, gleichzeitig hatte aber im Gouvernement ein sprachenpolitisches Umdenken eingesetzt, so dass die Etablierung des Deutschen als Umgangssprache in Togo nicht mehr auf der Tagesordnung stand. Eine wirkliche, umfassende fremdsprachliche Bildung im Deutschen war inzwischen nur noch für die besten Schüler eines Jahrgangs vorgesehen, die nach der Elementarbildung auf eine Fortbildungsschule der Regierung bzw. eine der Hauptstationsschulen oder gehobenen Schulen der Missionen wechseln und nach ihrer Ausbildung in den Dienst der Kolonialverwaltung, der deutschen Firmen und der Missionen treten sollten. Die große Masse der Schüler in den Dorfschulen der Missionen dagegen sollte dem für den Export höchst wichtigen Agrarsektor erhalten

---

127 Ebenda, S. 167.

128 *Verfügung des Gouverneurs zur Verteilung der Beihilfen an die Missionsschulen in Togo*, 1910, in: Adick/Mehnert, a.a.O., S. 278.

bleiben und erhielt lediglich eine maximal vierjährige Basisbildung an einer dieser so genannten Außenstationsschulen – ihre Schulzeit umfasste also nicht einmal die sechs Jahre, die das Gouvernement als zeitlichen Rahmen für die Elementarbildung festgelegt hatte und endete ohne einen offiziellen Abschluss. So waren von den 13.742 Schülern, die im Jahre 1911 eine Schule besuchten, nur 181 auf einer der gehobenen Schule und 214 in einer Lehranstalt für praktische Arbeit. Die überwältigende Mehrheit von 13.347 Schülerinnen und Schülern besuchte eine Elementarschule, die in ihrer großen Mehrheit vierklassige christliche Dorfschulen darstellten.

Schlunk schrieb 1912 in diesem Zusammenhang über die Außenstationsschulen, dass sie

> "in dreijährigem bezw. vierjährigem Lehrgang eine für ein primitives Volk ausreichende Volksbildung vermitteln möchten, infolgedessen Lesen, Schreiben, einfaches Rechnen, biblische Geschichte und Singen lehren. Es kann weder der Mission noch der Regierung daran liegen, das Landvolk dem Lande und der Landarbeit zu entziehen. Die Togoneger sind Bauern, und müssen, wenn sie sich gesund entwickeln sollen, der Mehrzahl nach Bauern bleiben. [...] Da die Mission hoffen darf, daß die meisten Schüler, wenn sie erwachsen sind, unter ihrer Pflege bleiben, braucht sie für eine weitere Bildungsmöglichkeit nicht zu sorgen. [...] Ist aber durchaus das Bedürfnis nach einer umfassenderen Bildung ausnahmsweise einmal vorhanden oder entwickelt ein Schüler Fähigkeiten, die seine geistige Fortbildung in seinem Interesse oder im Interesse der Mission wünschenswert machen, so tritt die Stationsschule ein [...]."[129]

Nicht nur blieb der Besuch einer höheren Schule einzelnen Ausnahmeschülern vorbehalten, sondern zudem wurden selbst diese Dorfschulen, wie aus der Studie des Hamburgischen Kolonialinstituts zum Schulwesen in den deutschen Kolonien von 1911 hervorgeht, nur von einem geringen Teil der Schüler tatsächlich über den gesamten vorgesehenen Zeitraum von drei bis vier Jahren besucht. Die hohe Schulabbrecherquote an den Außenstationsschulen wurde von den Missionen allerdings

---

[129] Schlunk, *Die Norddeutsche Mission in Togo*, a.a.O, S. 81f.

nicht als Problem betrachtet, da für sie der Erhalt einer einfachen Landbevölkerung ein höheres Ziel darstellte als die Bildung breiter Bevölkerungsschichten, und sei es nur auf elementarem Niveau. So antwortete der Präfekt der Steyler Mission bei der Durchführung der oben genannten Studie auf die Frage nach der Schulabbrecherquote:

> "An den Schulen, die sich auf den Hauptmissionsstationen befinden, dürften im allgemeinen ⅔ oder 60-70% alle Klassen durchlaufen, von den meisten anderen Schulen nur ein kleiner Bruchteil, 5-10%. Es wird auch von der katholischen Mission durchaus nicht befürwortet, daß möglichst viele die ganze Schule durchlaufen; denn wie schon erwähnt, ist schon in allernächster Zeit eine Überproduktion von Deutschredenden zu erwarten. Die Folge davon wird sein, daß sich ähnlich wie in dem englischen Gebiet der Goldküste ein arbeitsscheues Proletariat bildet, das seine Landsleute betrügt und bestiehlt, der Regierung nur Schwierigkeiten bereitet und der Mission nur Unehre macht."[130]

Angesichts dieser Prämissen kann es nicht verwundern, dass an den Außenstationsschulen der Missionen der Deutschunterricht enorm eingeschränkt wurde bzw. ganz wegfiel, nachdem das Gouvernement das politische Vorhaben aufgegeben hatte, Deutsch in Togo als Umgangssprache zu etablieren, und somit auch nicht länger die Missionen anhielt, bereits ab dem ersten Schuljahr an den Elementarschulen Deutsch zu unterrichten. Zwar nahm der Deutschunterricht in den offiziellen Lehrplänen der Missionen zum Teil noch einen verhältnismäßig großen Raum ein, praktisch wurde er an den Dorfschulen allerdings völlig vernachlässigt.

So ergibt sich beispielsweise aus dem offiziellen Lehrplan der Norddeutschen Mission vom August 1910, der in der Studie des Hamburgischen Kolonialinstituts abgedruckt ist, dass in den Außenstationsschulen der Norddeutschen Mission, die in ewesprachigen Gebieten lagen, bereits im ersten Schuljahr zwei Wochenstunden, im dritten und vierten Schuljahr

[130] Zit. nach: Schlunk, *Die Schulen für Eingeborene*, a.a.O., S. 27.

schließlich sieben Wochenstunden Deutschunterricht erteilt wurden.[131] Martin Schlunk, der die Studie betreut und in seiner Funktion als Missionsinspektor die Kolonien bereist hatte, berichtet dagegen an anderer Stelle über Umfang und Qualität des Deutschunterrichts an den Außenstationsschulen eben jener Norddeutschen Mission in Togo:

> "So ergab sich als Tatbestand während meiner Reise, daß in allen Außenschulen ein Jahr deutscher Unterricht erteilt werden mußte, während dessen die Schüler 10 bis 20 einfachste Worte meist aus dem Anschauungsunterricht des Schulraumes zu benennen und zu einfachen Sätzen zusammenzufügen lernten – ein Spielen mit dem Sprachunterricht von sehr zweifelhaftem erziehlichen Wert und für das praktische Leben ohne jede ernsthafte Bedeutung. Erst auf der Stationsschule mit der vierten Klasse nahm der Sprachunterricht größeren Umfang an [...]."[132]

Zudem wurde in den Gebieten Togos, in denen Ewe nicht die Muttersprache der Schüler war, keinerlei Deutschunterricht erteilt. Da sich die Missionen in diesen Regionen ganz auf die Vermittlung der Missionssprache Ewe konzentrierten, wurde an den dortigen Schulen "das Deutsche [...] bewußt ausgeschaltet."[133]

In den Regierungsschulen jedoch, die dezidiert Kräfte für die Kolonialverwaltung ausbildeten, wurde weiterhin ein besonderer Nachdruck auf die Beherrschung des Deutschen gelegt und an die Schüler "ziemlich starke Zumutungen"[134] gestellt, wie Martin Schlunk im Jahre 1914 schrieb. Als Beleg zitiert Schlunk eine "Probe aus dem Lehrstoff der deutschen Sprachlehre im 6. Lehrjahr" der Regierungsschule in Lome. Die von Schlunk zitierten Unterrichtsinhalte verweisen in der Tat auf ein hohes sprachliches Niveau der Regierungsschüler in der Fremdsprache Deutsch im letzten Schuljahr der Elementarstufe:

---

[131] Vgl. Schlunk, *Die Schulen für Eingeborene*, a.a.O., S. 14.

[132] Schlunk, *Die Norddeutsche Mission in Togo*, a.a.O., S. 86f.

[133] Schlunk, *Die Schulen für Eingeborene*, a.a.O., S. 14.

[134] Schlunk, *Das Schulwesen in den deutschen Schutzgebieten*, a.a.O., S. 50.

"Es wird unter Zeitwort behandelt: "Die Hilfszeitwörter der Aussageweise in anderer Bedeutung: mögen, dürfen; mögen (es mögen 200 Leute sein), wollen (er will ihn dort gesehen haben); dürfen im höflichen Ausdruck (darf ich Sie um Feuer bitten? das dürfte zu viel sein); sollen (er soll hier durchgekommen sein, was soll das?, wenn du ihn nicht treffen solltest, sollte er nicht da sein); die Grundform ohne "zu" bei machen, helfen, fühlen, lehren, lernen, usw., usw. Weiter heißt es für dasselbe Schuljahr unter Satzlehre: "Wunschsätze, Ausrufsätze; Mehrzahl des Zeitworts bei einigen Titulaturen (Majestät); das vor dem Hauptwort stehende Eigenschaftswort oder Mittelwort hat eine Beifügung (die im Hofe stehenden Palmen, das auf dem Hansaplatz errichtete Denkmal, der mit wenigem zufriedene Mann); Umstandswörter des Ortes, der Zeit als Beifügung von Hauptwörtern (mein Brief von vorgestern)". Und wieder weiter: "Vergleichssätze mit dem der zweiten Steigerungsstufe vorangehenden Wort immer (immer kleiner wurde der Dampfer, je weiter er sich entfernte), mit Wiederholung der zweiten Steigerungsstufe (kleiner und kleiner wurde der Dampfer, je weiter er sich entfernte); verkürzte Sätze der Einräumung (Preußen, obwohl von den Franzosen ausgesogen und argwöhnisch bewacht, erhob sich 1813 in allen seinen Teilen mit gleicher Begeisterung)."[135]

Auf diesem hohen Niveau im Deutschen nach der Elementarstufe konnte dann die Fortbildungsschule der Regierung aufbauen, die ihre Schüler in einem zweijährigen Ausbildungsgang auf den gehobenen Dienst in der Kolonialverwaltung und Wirtschaft vorbereitete.

Der auf zwei Jahre berechnete Lehrplan für die Regierungsfortbildungsschule in Lome aus dem Jahre 1910[136] führt deutlich vor Augen, dass die Schüler bereits vor Besuch dieser Schule über fundierte Deutschkenntnisse verfügen mussten, um den Lehrstoff bewältigen zu können. So wurden sie im Lese- und Schreibunterricht vor allem mit neuen Textsorten vertraut gemacht, die für Tätigkeiten im behördlichen und kaufmännischen Bereich von Bedeutung waren. "Gedrucktes, Handschriften, Akten" sollten laut Lehrplan als Material benutzt werden, um die Lesefertigkeiten im Deutschen zu erweitern. Im Bereich "Deutsche Sprech-

---

[135] Ebenda, S. 49f.

[136] In: Adick, *Theorie und Analyse kolonialer Lehrpläne*, a.a.O., S. 520.

und Schreibübungen" behandelte die Fortbildungsschule "mündliche und schriftliche Schilderungen und (Nach-)Erzählungen, Kaufmännische Buchführung, Geschäftliches (Korrespondenz, Bewerbungen, Rechnungen, Mahnungen), Waren- und Marktberichte, amtliche Berichte, Gesuche, Protokollaufnahmen etc.". Dabei wurde die selbstständige Textproduktion ebenso geübt wie das Schreiben nach Diktat und aus dem Gedächtnis sowie das exakte Kopieren von Texten.

Weiterhin lernten die Schüler die deutsche Kurzschrift und sollten nach Abschluss der Ausbildung sowohl in der Lage sein, stenografisch mitzuschreiben, als auch eigene und fremde Texte in Kurzschrift zu lesen. Auf dem Lehrplan stand auch die Entwicklung der Handschrift und das "Maschinenschreiben": Das Unterrichtsfach "Schönschreiben" umfasste "lateinische und deutsche Schreibschrift auf Kanzleipapier liniert und unliniert schreiben, Formulare, Kalligraphie"; auf der Schreibmaschine wurde das Diktatschreiben und das Schreiben nach handschriftlichen, gedruckten und stenografischen Vorlagen geübt. Schließlich befassten sich zusätzliche Unterrichtseinheiten mit Fremdwörtern, Abkürzungen und der Zeichensetzung im Deutschen.

Insgesamt lässt sich aus diesem Lehrplan die klare pragmatische Ausrichtung des Deutschunterrichts auf die berufliche Perspektive der Absolventen in Kolonialadministration und Wirtschaft erkennen. Sämtliche der verschiedenen Fertigkeiten, die im Fach "Deutsche Sprache" an der Fortbildungsschule zu erwerben waren, bereiteten die Schüler gezielt und gradlinig darauf vor, behördliche und kaufmännische Aufgaben sachkundig, akkurat und zuverlässig erledigen zu können. Als übergreifende Kompetenz vermittelte der Deutschunterricht damit die Fähigkeit, als Angestellter im Dienst der Verwaltung und bei privatwirtschaftlichen Unternehmen zu arbeiten.

4.2 Lehrwerke

Für den Deutschunterricht in Togo wurden, wie in den anderen deutschen Kolonien auch, vor allem in der frühen Phase der Kolonialherrschaft Lehrwerke verwandt, die für die Volksschulen im Deutschen Reich entwickelt worden waren, um deutschen Kindern auf der Ebene der Elementarbildung das Lesen und Schreiben zu lehren. Zum Einsatz kamen die Fibeln, Lesebücher und Grammatiken von Hirt, Dietlein, Funke, Grimmer und anderen. Dies bedeutete, dass die Lesetexte und Schreibstücke sowohl in Bezug auf formale didaktische Aspekte (wie grammatikalische Progression, Phonetik, Wortschatz etc.) nicht den Anforderungen eines fremdsprachlichen Unterrichts im Deutschen angepasst waren, als auch inhaltlich der Erfahrungs- und Vorstellungswelt afrikanischer Schüler zuwiderliefen. In praktisch allen Fibeln für den Lese- und Schreibunterricht an deutschen Volksschulen des Kaiserreiches finden sich – nebst Aphorismen, Sittensprüchen und Geschichten zur moralischen Belehrung – vorrangig Texte zur mitteleuropäischen Tier- und Pflanzenwelt, zu den Charakteristika der Jahreszeiten, wie sie ein Kind in Deutschland erleben kann, und zum idealtypischen sozialen Leben in einem Haushalt und Land europäischer Prägung. Den mit dem Deutschunterricht in den Kolonien Befassten blieb die Unangemessenheit der Lehrbücher selbstverständlich nicht verborgen. Schlunk urteilt 1914 in seiner Studie zum kolonialen Schulwesen:

> "So vortrefflich die Hirt'schen Lesebücher z.B. sind, sind sie doch weder für die Verhältnisse Afrikas, noch für die der Südsee berechnet, und es muß als ein pädagogischer Mißstand anerkannt werden, daß man in den Schulen der Kolonien mit Büchern arbeiten muß, die von dem Gedankenkreise europäischer Kinder und dem Leben in der Heimat ausgehen, statt daß sie auf die Verhältnisse der Tropen Rücksicht nehmen. Wenn man die Begriffe Frühling, Winter, Schnee, Eis, Birke, Linde, Schlittschuh, Schornsteinfeger erst künstlich und mühsam klarmachen und die Palme und die Banane künstlich aus dem Gedankenkreise des Afrikaners oder Mikronesiers ausschalten muß, um ihn im Deutschen zu unterrichten, so ist das eine Unnatur, die hoffentlich bald durch Beschaffung eigener Lehrbücher ganz überwunden sein wird. Schlimmer noch fast als solche erst allmählich auszugleichenden pädagogischen Ungeschicklichkeiten erscheint es mir, wenn etwa die Fibeln weder auf den natürlichen Aufbau der Sprache noch in der Auswahl der Worte und Illustrationen auf den Anschauungskreis der Eingeborenen Rücksicht nehmen! Aber schon, daß solche Mängel

erkannt und gerügt werden können, ist ein Beweis, wie weit der Schulbetrieb in den Kolonien bereits vorgeschritten ist."[137]

Einzelne Pädagogen in den Kolonien entwickelten aus eigener Initiative Lehrwerke für den Deutschunterricht, die in Bezug auf das Vokabular und grammatische Formen der Tatsache Rechnung trugen, dass es sich um einen fremdsprachlichen Unterricht handelte, und die ebenfalls den Anspruch hatten, der Lebenswelt der Schüler in der entsprechenden Kolonie angemessen zu sein. Das erste Lehrwerk dieser Art stellte Theodor Christallers *Fibel für die Volksschulen in Kamerun*[138] dar, die zum Teil in der Landessprache Duala abgefasst war und auch Übersetzungsübungen enthielt. In Togo erstellte der an der ersten Regierungsschule der Kolonie tätige Lehrer Karl Köbele die zweisprachige *Fibel für die Schule in Kleinpopo, Togo, Westafrika in der Anecho-Mundart.*[139] Sein Nachfolger an der Regierungsschule, der Lehrer S. Walter, verfasste eine "deutsche Grammatik nebst Wörterbuch".[140] Der evangelische Missionar, Afrikanist und Linguist Diedrich Westermann schrieb ein dreibändiges *Übungsbuch der deutschen Sprache für deutsche Schulen in Togo,*[141] und ein *Erstes Lesebuch*[142] der katholischen Mission in Lome erlebte mehrere Auflagen.[143]

---

137 Schlunk, *Das Schulwesen in den deutschen Schutzgebieten*, a.a.O., S. 44.

138 Berlin 1888.

139 Frankfurt a. M. 1895.

140 Vgl. Lenz, Gustav, *Die Regierungsschulen in den deutschen Schutzgebieten*, in: *Programm des Neuen Gymnasiums Darmstadt*, Nr. 680, Darmstadt 1900, S. 14. Der genaue Titel, Erscheinungsort und -jahr des Lehrwerkes waren leider nicht zu erfahren.

141 Bremen 1903-1909.

142 Die folgende Angabe findet sich bei Coulibaley, a.a.O., S. 154: Kost, Theodor, *Erstes Lesebuch, neu aufgelegt und erweitert von P. Heinrich Schröder*, 3. Auflage, Verlag der Katholischen Mission in Lome, Lome 1912. Das Buch ist in Bibliotheks- und Verbundskatalogen nicht nachweisbar. Coulibaley erwähnt, dass sich das von ihr gesichtete Exemplar in Privatbesitz befindet.

143 Gerade weil die Lehrwerke kaum nachweisbar sind und sich die Frage der Schulliteratur in den deutschen Kolonien als praktisch unerforscht darstellt, erhebt die von mir aufgeführte Zusammenstellung von Sprachbüchern für den Deutschunterricht in der Kolonie Togo keinen Anspruch auf Vollständigkeit.

Einem Stoffverteilungsplan für die elementarbildende Regierungsschule in Sebevi von 1909[144] lässt sich entnehmen, dass die Themen für die Aufsätze und Sprechübungen im Unterricht dem Erfahrungskreis der Schüler und den Landesverhältnissen angepasst waren. So beschäftigte man sich dort im Deutschunterricht thematisch unter anderem mit der Fauna und Flora Westafrikas ("die Ölpalme", "der Affenbrotbaum", "der Webervogel", "die Termite" usw.), den Nahrungsmittels der Region ("Feldfrüchte von Togo", "essbare Früchte in dem Busch", "der Jams" usw.), den örtlichen Einrichtungen ("das Bezirksamt in Sebe", "der Brunnen in Sebevi", "Das Kostschülerhaus" usw.) und mit Ereignissen und Geschichten, die einen Bezug zum afrikanischen Leben hatten ("Wie ein Löwe eine Stadt in Schrecken setzte", "Eine unglückliche Elefantenjagdt", "Märchen von dem Waran und der Stechmücke" usw.). Auch die Bevölkerung Togos war häufig Gegenstand der Sprachübungen im Deutschen, wobei sowohl verschiedene Ethnien und Traditionen des Landes behandelt wurden ("die Haussaleute", "Der Schmuck der Togoleute" usw.), wie auch Berufe und individuelle Geschichten ("der Dolmetscher", "Jagdabenteuer eines Jägers in Ho", "Geschichte von Kwevi Abobo in Zewla" usw.) und das Leben, die Familie und die Identität der Schüler selbst ("Meine Herkunft", "Meine Heimat", "Wie ich mir mein späteres Leben denke" usw.).

Soweit aus der Auflistung der Themen ersichtlich, wurden im Deutschunterricht dieser Schule über alle Klassen hinweg ausschließlich solche Themen behandelt, die inhaltlich der Lebens- und Erfahrungswelt der Schüler angepasst waren. Mit Deutschland befasste sich lediglich der Geschichts- und Erdkundeunterricht; die Schüler erhielten somit keinen Einblick in die Lebensbedingungen und den Alltag in Deutschland und konnten keinen Vergleich zwischen den Verhältnissen im Kaiserreich selbst und seinem "Schutzgebiet" anstellen.

---

144 In: Adick/Mehnert, a.a.O., S. 158ff.

Die Erstellung von Lehrmaterialien für den Deutschunterricht in den Kolonien, die mehr Rücksicht auf die Lebensverhältnisse und Erfahrungen der Bevölkerung nahmen und zudem hinsichtlich ihrer Didaktik für einen Fremdsprachenunterricht im Deutschen konzipiert waren, ist in erster Linie auf engagierte Pädagogen und Sprachwissenschaftler vor Ort zurückzuführen, die die Unzulänglichkeit der deutschen Volksschulfibeln für den Sprachunterricht in den Kolonien erkannten und sich der Aufgabe stellten, angemessenere Materialien zu entwickeln. Zwar ist der Literatur nicht zu entnehmen, dass die Kolonialadministration der Herausgabe solcher Materialien besondere Priorität beimaß, aber grundsätzlich ist davon auszugehen, dass sie diese unterstützte und keineswegs behinderte. Es muss daher der These von Vera Ebot Boulleys hinsichtlich des Einsatzes von Lehrwerken im Deutschunterricht widersprochen werden, hinter der "Verwendung von Büchern, die keinen Bezug zur Umgebung hatten" habe "ein durchaus wohlbedachtes Vorgehen der Kolonialregierung [gestanden], das den Zweck hatte, die Schüler möglichst unwissend zu lassen bzw. sie zu verwirren, denn darin lag eine gewisse Garantie für politische Stabilität".[145]

Natürlich kann auf einer fundamentalen Ebene zu Recht festgestellt werden, dass die Regierung sich in ihrer Bildungs- und Sprachenpolitik von der Erwägung des politisch Vorteilhaften leiten ließ und die Fragen der Pädagogik sowie erst recht die Interessen der Bevölkerung hintan stellte. Nicht zuletzt hoffe ich, dass die vorliegende Studie einen Beitrag dazu leistet, diese Grundthese zu untermauern und zu veranschaulichen, wie sich das politische Interesse konkret im Bereich der Sprachenverbreitung ausdrückte.

Offensichtlich ist, dass die Themen des Geschichtsunterrichts, der sich auf Deutschlands Stellung in Europa und die Glorifizierung der kaiser-

---

[145] Ebot Boulleys, a.a.O., S. 77f. Das Zitat von Martin Schlunk, das Ebot Boulleys zur Stützung ihrer These anführt, bezieht sich unterdessen nicht auf die Frage der im Deutschunterricht zu verwendenden Bücher, sondern auf die Kontroverse zwischen Missionen und Gouvernement um die Einführung des Deutschen als einheitliche Schulsprache für Kamerun.

lichen Herrschaft konzentrierte, die afrikanische Geschichte aber vernachlässigte oder völlig aussparte, einem direkten politischen Zweck folgten, nämlich die Herausbildung einer eigenen, von der Kolonialmacht unabhängigen afrikanischen Identität zu unterbinden und dadurch zur Stabilität der deutschen Herrschaft in den Kolonien beizutragen. Diesen Zweck erfüllt jedoch nicht der Deutschunterricht, wenn in ihm Lehrtexte mit dem Titel "Der Schneemann", "Der Tannenbaum" oder "Der Tanzbär"[146] behandelt wurden. Während der Deutschunterricht selbst aus politischen und sozioökonomischen Gründen motiviert war, bestand sein Ziel tatsächlich primär in der Verbreitung der Fremdsprache Deutsch und nicht in einer Verwirrung der Schüler. Wenn der Terminus "Verwirrung" in diesem Kontext überhaupt angebracht ist, so hätte vielmehr eine erfolgreiche Durchsetzung des Deutschen als Verkehrssprache in der Kolonie eine "Verwirrung" der einheimischen Bevölkerung in dem Sinne dargestellt, als dass die fremde Sprache – zumindest nach der Vorstellung der Kolonialregierung unter Graf Zech – geeignet war, sie von ihren afrikanischen Traditionen und Bindungen zu lösen und den deutschen Einfluss zu stärken. Texte über den "Schneemann" dagegen betonten die Fremdheit der Kultur der Machthaber und waren letztlich hinderlich für den gewünschten Identifizierungsprozess der Kolonialbevölkerung mit der deutschen Herrschaft, der auch und gerade durch den Deutschunterricht ausgelöst werden sollte.

Zudem wurden die den afrikanischen Lebensverhältnissen angepassten Lehrwerke nicht von Kritikern des Kolonialismus verfasst, sondern von Pädagogen und Sprachwissenschaftlern, die durch ihre Tätigkeit für die Kolonialregierung oder eine der Missionsgesellschaften selbst an das Herrschaftssystem gebunden waren. Man kann zwar davon ausgehen, dass die Autoren dieser Lehrwerke selbst ihre Tätigkeit als pädagogische auffassten, d.h. ihre subjektive Intention nicht darin bestand, die Herrschaft zu konsolidieren, sondern darin, den afrikanischen Schülern

[146] So lauteten z.B. Titel von Lesetexten einer deutschen Volksschulfibel, die auch in den Schulen Togos zum Einsatz kam. (Vgl. Dietlein, Rudolf, *Deutsche Fibel*, Leipzig/Berlin 1903.)

durch ein der Lebenswelt angepasstes Deutschlehrbuch einen besseren Zugang zur Fremdsprache zu gewähren. Dies ändert jedoch nichts an der Tatsache, dass es für die deutschen Kolonialinteressen beispielsweise im Bereich der exportwichtigen Agrarwirtschaft von Vorteil war, wenn die Schulabsolventen die einheimischen Pflanzenarten und ihre Produkte auf Deutsch benennen konnten, anstatt die mitteleuropäische Flora nur dem Namen nach zu kennen.

Aus den oben genannten Gründen ist davon auszugehen, dass das Gouvernement in Lome den für den Einsatz in der Kolonie verfassten Deutschlehrwerken nicht ablehnend gegenüberstand oder zu Gunsten einer größeren Verwirrung und Unwissenheit der Schüler in Bezug auf die deutsche Sprache den Hirt'schen Fibeln Vorrang vor den für Togo entworfenen Sprachbüchern von Walter, Westermann und anderen eingeräumt hätte. Schließlich, wie bereits erwähnt, waren es gerade auch Regierungslehrer, die diese Lehrwerke erstellten, sie im Unterricht an den staatlichen Schulen einsetzten und sich um eine Anpassung der Lese- und Sprechtexte im Deutschunterricht an die afrikanische Lebenswelt der Schüler bemühten. Das Gouvernement legte allem Anschein nach vielmehr Wert darauf, dass die Schüler in Togo nicht zu sehr mit den Verhältnissen in Deutschland vertraut wurden.

Ein weiterer Hinweis, der diese Annahme unterstützt, findet sich auch bei Ludwig Weichert, der die aus Deutschland importierten Fibeln kritisierte, weil sie die Schüler lediglich mit der "Welt Europas" bekannt machten. Er befürwortete den Einsatz von Lehrmaterial, das auf die Bedingungen vor Ort abgestimmt war, damit "die eigentliche Aufgabe des deutschen Sprachunterrichts" erfüllt werden konnte, nämlich "die Gedankenwelt des Deutschen der Gedankenwelt der Ewe-Schüler zu vermitteln". Weichert schließt:

> "Je weniger der Unterricht über die Anschauungswelt der Eweer hinausgeht, um so mehr Zeit bleibt zum innerlichen Verarbeiten des vorhandenen Lehrstoffes und zu einer verhältnismäßig gründlichen Sprachbildung. Es ist sehr dankenswert, daß das Gouvernement eine nach diesen Grundsätzen herausgegebene, brauchbare Landeskunde von Togo hat drucken lassen, die im wesentlichen alles enthält, was

> für den deutschen Unterricht in Betracht kommen könnte, während andererseits in Westermanns Lehrbüchern die Hilfsmittel zu systematischem Sprachunterricht schon länger vorliegen."[147]

Zusammenfassend ist festzuhalten, dass die für den Sprachunterricht an deutschen Volksschulen konzipierten Lehrwerke in der Kolonie vor allem unter den Bedingungen der anfänglichen Improvisation zum Einsatz kamen. Ihre Unzulänglichkeit für den fremdsprachlichen Unterricht wurde zumindest von den Pädagogen bald erkannt und es gibt keinen Grund zu der Annahme, dass die Kolonialregierung die Erstellung und den Einsatz von Lehrmaterialien mit Bezug zur afrikanischen Umgebung missbilligte. Im Gegenteil schien den herrschaftlichen Interessen eher gedient, wenn die Schüler die deutsche Sprache mit Bezug auf die kolonialen Verhältnisse und Anforderungen erlernten. Dies nicht nur, weil der Fremdsprachenerwerb erleichtert wurde, wenn die Texte und Themen für die Schüler auf der inhaltlichen Ebene nachvollziehbar waren, und weil das Deutsche ausschließlich für den Gebrauch in der Kolonie gelehrt wurde, sondern auch weil die Regierung keinen Wert darauf legte, ihre Untertanen mit dem Leben im kolonialen Mutterland bekannt zu machen und auf dieser Basis einen Kulturvergleich zu ermöglichen.

4.3 Lehrmethode

Die Fremdsprache Deutsch wurde vor allem mit Hilfe der Direkten Methode vermittelt, weil man die Schüler zu Sprechern des Deutschen erziehen wollte. Da das Ziel darin bestand, Deutsch zur Umgangssprache im Lande zu machen bzw. künftige Fachkräfte auf die fremdsprach-

---

[147] Weichert, Ludwig, *Das Schulwesen deutscher evangelischer Missionsgesellschaften in den deutschen Kolonien*, Berlin 1914, S. 28. Bei der erwähnten "Landeskunde" handelt es sich vermutlich um das 1909 veröffentlichte und von Gouverneur Zech persönlich autorisierte *Sachkunde Handbuch nützlicher Kenntnisse für die Schule Togos*. Erwähnung findet dieses Buch bei Knoll, der es folgendermaßen charakterisiert: "From this text teachers instructed their pupils in the benefits conferred by German government and also in local geography, natural history, agricultural techniques, and utilization of one's environment." (Knoll, *Togo under Imperial Germany 1884-1914*, a.a.O., S. 106.)

lichen Anforderungen ihrer Tätigkeit in deutschsprachigen Behörden, Unternehmen und Institutionen vorzubereiten, mussten im Unterricht die Grundlagen zur mündlichen und zum Teil auch zur schriftlichen Verständigung im Deutschen gelegt werden. Es wurde dementsprechend darauf hingearbeitet, dass die afrikanischen Schüler sich fließend, korrekt und sinnrichtig auszudrücken verstanden, eine bewusste Kenntnisnahme der zugrunde liegenden grammatischen Sprachstruktur dagegen weder verlangt noch sonderlich gefördert.

Das Hören und Nachsprechen von einzelnen Wörtern und Sätzen waren zentrale Bestandteile der Lehrmethode, mit denen der Sprachunterricht auf dem Anfängerniveau begonnen wurde. Auch das Singen und Lernen deutschsprachiger Lieder, das in den Elementarschulen und dort insbesondere in den unteren Klassen großen Raum einnahm, diente der Ausspracheschulung. Die Schrift wurde erst mit fortschreitendem Spracherwerb eingeführt. Vor allem im Anfängerunterricht wurde auf Anschauungsmaterialien zurückgegriffen, um die Schüler mit den deutschen Namen von Dingen bekannt zu machen. Folgende Beschreibung des Anschauungsunterrichts findet sich im Unterrichtsplan der Norddeutschen Mission:

> "Übungen im Beobachten von Gegenständen in Schule, Haus und Umgebung, von Tieren und Pflanzen, Beschäftigung der Menschen, Naturerscheinungen etc. Wiedergabe dessen, was beobachtet wurde, in korrekten Sätzen, die erst von Einzelnen, dann im Chor gesprochen werden. Der Lehrer gebe sich besondere Mühe im richtigen Fragenstellen und halte auf richtige Beantwortung derselben. Diese Stunde sollte nie in ein leeres Sichunterhalten oder Schwatzen ausarten."[148]

Während der Anschauungsunterricht vor allem in den unteren Klassen zur Anwendung kam, lässt sich auf einem höheren Niveau die oben beschriebene Methode des Nachsprechens in der Wiedergabe und Niederschrift von Texten und mündlichen Berichten aus dem Gedächtnis wie-

---

[148] Zit. nach: Schlunk, *Die Schulen für Eingeborene*, a.a.O., S. 8.

derfinden. Noch auf der Fortbildungsschule, deren Lehrplan auf einen bereits hohen Sprachstand der Schüler schließen lässt, war die mündliche und schriftliche Nacherzählung sowie das Schreiben aus dem Gedächtnis fester Bestandteil des Deutschunterrichts.

Die Anwendung der Direkten Methode korrespondierte mit den pragmatischen Zielen, die für den Fremdsprachenunterricht in der Kolonie formuliert worden waren. Es ging den Schulträgern nicht darum, die Untertanen formal fremdsprachlich zu bilden, sondern sie auf die sprachlichen Anforderungen im Beruf vorzubereiten und ihnen ein Gefühl für das Deutsche zu geben – letzteres darf ruhig doppelsinnig verstanden werden: als Sprachgefühl wie auch als Identifizierung mit den politischen und ökonomischen Interessen des Deutschen Reiches. Die Unterrichtsmethode entsprach somit den Erwartungen, die von offizieller Seite an den Deutschunterricht gestellt wurden. So stellt das Curriculum für den Deutschunterricht an der Regierungsschule von Lome zu den Zielen des Fremdsprachenunterrichts fest:

> "Da der elementare fremdsprachliche Unterricht den Schüler zu einem sprach- und sinnrichtigen Gebrauch der Fremdsprache befähigen will, ohne daß ihm der gesetzmäßige Bau der Sprache vollständig zu Bewußtsein gebracht zu werden braucht, wird sich die Einprägung grammatischer Regeln in vielen Fällen erübrigen, und es wird das Schwergewicht auf reichlich dargebotene, wohlgeordnete Übungen zu legen sein."[149]

Es findet sich in der Literatur zum Kolonialschulwesen jedoch auch Kritik am falschen und übertriebenen Einsatz von Memorierungs- und Nachahmungsübungen im fremdsprachlichen Unterricht. So warnte Schlunk:

> "Hersagen und Verstehen ist doch zweierlei, und es wird beim Unterrichtsbetrieb alles darauf ankommen, dem gedankenlosen Schematismus des Auswendiglernens zu wehren."[150]

---

[149] Zit. nach: Schlunk, *Das Schulwesen in den deutschen Schutzgebieten*, a.a.O., S. 50.

[150] Ebenda, S. 55.

Die Gefahr "Papageien zu dressieren"[151] ging seiner Einschätzung nach jedoch nicht aus der Methodik an sich hervor, sondern entsprang der Tatsache, dass die Lehrkräfte selbst nur eine unzureichende pädagogische und fachliche Ausbildung erhalten hatten. Es sei daher für sie im Unterricht wesentlich leichter zu drillen als zu erklären und

> "selbstverständlich viel bequemer, Abschnitte des Lese- oder Lehrbuches lesen und auswendig lernen zu lassen, als den Inhalt [...] den Schülern innerlich nahe zu bringen. Vielleicht meint auch der Lehrer, gelehrter und würdiger auszusehen, wenn er fortwährend ins Buch sieht, statt seinen Stoff im Kopf zu haben!"[152]

Ein Blick auf die Ausbildung und Qualifikation des Lehrpersonals, das an den verschiedenen Schultypen der Kolonie Togo unterrichtete, soll die Frage klären, inwiefern es sich bei dem oben beschriebenen Typus der pädagogisch und fachlich mangelhaft geeigneten Lehrkraft um eine Ausnahmeerscheinung oder ein durch bestimmte Strukturen produziertes Serienmodell handelte.

4.4 Lehrpersonal

Das Lehrpersonal an den Schulen der Kolonie setzte sich in seiner großen Mehrheit aus einheimischen Lehrkräften zusammen. Nach der vom Hamburgischen Kolonialinstitut im Jahre 1911 durchgeführten Erhebung zu den Kolonialschulen waren an den insgesamt 324 Schulen in Deutsch-Togo 49 "weiße" und 408 "farbige" Lehrkräfte beschäftigt.[153]

Die europäischen, "weißen" Lehrkräfte wiederum setzten sich zum größten Teil aus Missionaren zusammen, und nur wenige unter ihnen waren nach staatlichen Maßgaben qualifizierte Lehrer. Das *Deutsche Kolonial-Lexikon* führt an, dass im Jahre 1913 nur vier europäische Lehrer in Togo tätig waren, die in Deutschland die Prüfung zum Volksschullehrer

---

[151] Schlunk, *Die Norddeutsche Mission in Togo*, a.a.O., S. 91.

[152] Schlunk, *Das Schulwesen in den deutschen Schutzgebieten*, a.a.O., S. 56.

[153] Schlunk, *Die Schulen für Eingeborene*, a.a.O., S. 54.

abgelegt und dort bereits "einige Jahre unterrichtet" hatten.[154] Sämtliche dieser staatlich geprüften Lehrer in Togo waren direkt von der Kolonialregierung angestellt und nahmen leitende Funktionen an den so genannten Regierungsschulen ein.

Ihnen standen "farbige Hilfslehrer" zur Seite, die über keine vergleichbare Qualifikation verfügen konnten, da diese angesichts des wenig entwickelten Bildungssystem in der Kolonie selbst nicht zu erhalten war und das Deutsche Reich – anders als beispielsweise Großbritannien – einer Ausbildung ihrer afrikanischen Untertanen im kolonialen Mutterland sehr restriktiv gegenüberstand.[155] Ihre Qualifikation für den Lehrberuf erwarben sie vor allem durch die Lehrtätigkeit selbst, die besonders in der Anfangszeit von deutschen Lehrern begleitet und kontrolliert wurde. Anschaulich zeigt sich diese Lehrerausbildung an den Regierungsschulen am folgenden Beispiel:

> "An der Togoer Regierungsschule ist schon seit 5 Jahren der Eingeborene E. Wilson in der 3. und 4. Klasse thätig. Früher musste er für die Lektionen, die er erteilte, dem Regierungslehrer vorher eine schriftliche Präparation einreichen, die dieser genau prüfte, mit ihm besprach

---

154 *Deutsches Kolonial-Lexikon*, a.a.O., Bd. 2, S. 448. Laut einer Statistik des Reichskolonialamtes über "Zahl und Besoldung der in den deutschen Schutzgebieten tätigen weißen Lehrkräfte" von 1913 war ein fünfter von der Regierung angestellter Pädagoge in Togo als "Rektor" beschäftigt. (In: Adick/Mehnert, a.a.O., S. 396.) August Full dagegen spricht von "6 weißen Lehrkräften", die "im letzten Vorkriegsjahr im deutschen Schutzgebiet Togo" tätig gewesen seien, benennt aber keine Quelle für diese Angabe. (Full, August, *Fünfzig Jahre Togo*, Berlin 1935, S. 155.)

155 Nach Stand der Forschung kamen im Zeitraum von 1889 bis 1919 weniger als 100 junge Männer aus den Kolonien nach Deutschland, und keiner von ihnen erhielt die Möglichkeit zum Studium an einer deutschen Universität. (Vgl. Adick/Mehnert, a.a.O., S. 425.) In einem Erlass des Gouvernements von Togo aus dem Jahre 1909 heißt es: "Da die Erfahrung gelehrt hat, dass Eingeborene, die nach Deutschland auswandern, dort leicht verkommen, sobald sie nicht in ganz strenger Zucht gehalten werden, und sodann eine Last für das Mutterland und bei ihrer Rückkehr eine Gefahr für das Schutzgebiet werden, so ist die Erlaubnis zur Auswanderung nach Deutschland nur ganz ausnahmsweise und nur dann zu erteilen, wenn besondere Garantieen [sic!] dafür gegeben sind, dass der betreffende Eingeborene unverdorben in das Schutzgebiet zurückkehrt." (In: ebenda, S. 462.)

und dann richtig stellen liess. Jetzt genügt schon eine mündliche Besprechung, und selbst die ist nicht immer nötig."[156]

Der große Vorteil der Beschäftigung von afrikanischen "Hilfslehrern" bestand aus Sicht des Gouvernements darin, dass diese nur einen Bruchteil des Lohns einer europäischen Kraft verdienten.[157]

Was die pädagogische Qualifikation der Missionare und ihrer Hilfslehrer betrifft, so soll an dieser Stelle noch einmal darauf verwiesen werden, dass der Betrieb von Schulen aus Sicht der Missionen vor allem dem Ziel der Christianisierung der autochthonen Bevölkerung dienen sollte. Die Schule war das zentrale Instrument der Missionen, um im weitesten Sinne auf das gesellschaftliche Leben in den Kolonien einzuwirken, und neben der direkten religiösen Unterweisung wurde auch der Unterricht in profanen Fächern als Teil der Bekehrungsarbeit angesehen. Die Lehrer an den Missionsschulen erhielten daher ihre Position aufgrund von Glaubensfestigkeit und Missionierungsbereitschaft und – insofern die Missionen überhaupt darauf Wert legten – erst in zweiter oder dritter Linie aufgrund ihrer pädagogischen und/oder fachlichen Qualifikation. So schrieb Carl Mirbt 1910 über den Unterrichtsbetrieb in den Missionsschulen:

> "In nicht wenigen Fällen wird es dem einzelnen Missionar überlassen sein, wie er den Unterricht gestaltet; nicht selten wird der eingeborene Lehrer von den Vorstellungen, die wir mit diesem Begriff verbinden, recht weit entfernt sein, und es ist auch nicht bei jedem europäischen Missionar die Lehrbefähigung des geschulten Lehrers vorauszusetzen, ganz zu schweigen davon, daß mangelnde Beherrschung der Landessprache lange Zeit ein Hemmnis der Verständigung bildet, und wenigstens auf neuen Arbeitsgebieten der Schulunterricht für den Mis-

---

[156] Lenz, a.a.O., S. 26.

[157] So verdiente ein deutscher Lehrer an den Regierungsschulen zwischen 5.100 und 7.800 Mark pro Jahr, sein afrikanischer Kollege dagegen jährlich nur 840 bis 1.800 Mark. (Vgl. *Deutsches Kolonial-Lexikon*, a.a.O., Bd. 2, S. 448 und Schlunk, *Die Schulen für Eingeborene*, a.a.O., S. 22.)

sionar zugleich das Mittel ist, um in dem Verkehr mit den Eingeborenen die Sprache zu erlernen."[158]

Wie Markmiller erläutert, brachten die deutschen Missionare bei ihrer Ankunft wenig bis überhaupt kein Wissen über die Kultur der Bevölkerung mit, die sie zu bekehren gedachten. Doch die mangelnden Kenntnisse erstreckten sich nicht nur auf die Sprachen, Sitten und Traditionen des Landes, in das sie entsandt wurden, sondern betrafen auch das tiefere Verständnis der Geschichte und der kulturellen Werte ihrer eigenen Herkunftsgesellschaft. Die Missionare, die größtenteils dem einfachen Bürgertum und bäuerlichen Schichten entstammten, waren "oft nicht wirklich gebildet in den philosophischen Grundlagen der Kultur, die sie repräsentierten".[159] Dies bestätigt auch die 1912 getroffene Feststellung von Pater Pietsch zur Vorbildung der katholischen Missionare:

> "Man glaubt, um in den Heidenländern wirken zu können, sei wenig Studium erforderlich, und nicht selten wird an die Leiter der Missionsanstalten die Zumutung gestellt, den Jüngling, der auf dem Gymnasium nicht mehr mitkommen kann und zur akademischen Laufbahn in der Welt nicht die nötigen Fähigkeiten besitzt, zum Missionar heranzubilden."[160]

Die afrikanischen Lehrer an den Missionsschulen waren wiederum die Zöglinge jener Missionare, deren eigene Qualifikation vor allem in ihrem religiösen Sendungsbewusstsein bestand. Im Sinne ihrer Bekehrungsarbeit legten die Missionen großen Wert darauf, Lehrer aus der autochthonen Bevölkerung heranzuziehen, da diese über den Vorteil verfügten, mit der Geschichte und Kultur des Landes und seiner Menschen vertraut zu sein, und daher als Transmissionsriemen für die Verbreitung

---

[158] Mirbt, Carl, *Mission und Kolonialpolitik in den deutschen Schutzgebieten*, Tübingen 1910, S. 145.

[159] Markmiller, a.a.O., S. 192.

[160] Pietsch, J., *Die Vorbildung der katholischen Missionare*, in: *Zeitschrift für Missionswissenschaft*, 2. Jg., 1912, S. 128, zit. nach: Markmiller, a.a.O., S. 193.

des Christentums innerhalb der afrikanischen Gesellschaft wirken sollten.

Die afrikanischen Lehrer wurden von den Missionen einer strengen moralischen Disziplin und Kontrolle unterworfen: Die Norddeutsche Mission in Togo drohte mit Entlassung, wenn sich ihre afrikanischen Lehrer "unwürdiglich" verhielten, wozu auch die "Teilnahme an heidnischen Festen u. Zeremonien", "Fressen" und ein "verschwenderisches Leben" zählten.[161] Die Disziplinarordnung für afrikanische Lehrer derselben Mission sanktionierte u.a. "auffallende Kleider, Haarfrisuren", das "Rauchen von Cigarren", "zweifelhafte Freundschaft" und das "Wegbleiben der Frau ohne vorherige Erlaubnis des Vorstehers".[162]

Während in Togo sowohl die Norddeutsche Mission als auch die Steyler Mission jeweils ein Lehrerseminar unterhielten, an dem die angehenden Lehrkräfte auf "ihren dreifachen Beruf als Lehrer, als Heidenprediger und als Leiter einer Christengemeinde"[163] vorbereitet wurden, hatten längst nicht alle im Schuldienst tätigen Lehrkräfte eine solche Ausbildung genossen. Stattdessen besetzten die Missionen, wie der ehemalige Missionar Westermann kritisch feststellte, ihre Schulen "vielfach mit unzureichend vorgebildeten farbigen Lehrern".[164] Wie aus der Erhebung des Hamburgischen Kolonialinstituts hervorgeht, hatten von den insgesamt 176 afrikanischen Lehrern der Norddeutschen Mission 116 eine dreijährige Seminarvorbildung und 60 nur eine Elementarbildung erhalten; die Steyler Mission beschäftigte sogar nur 24 Lehrer mit Seminarbildung gegenüber 176 mit Elementarbildung.[165] Weiterhin übernahmen "Monitoren, also befähigtere Schüler" einen Teil des Unterrichts –

---

[161] Arbeitsinstruktion der Norddeutschen Mission in Togo für afrikanische Katechisten, Lehrer und Gehilfen, 1867, in: Adick/Mehnert, a.a.O., S. 397.

[162] Disziplinarordnung für (einheimische) Lehrer der Norddeutschen Mission, 1913, in: Adick/Mehnert, a.a.O., S. 412.

[163] Schlunk, *Die Norddeutsche Mission in Togo*, a.a.O., S. 87.

[164] Westermann, Diedrich, *Deutsche koloniale Bildungsarbeit*, in: Schmidt, Franz und Boelitz, Otto (Hrsg.), *Aus deutscher Bildungsarbeit im Auslande*, Bd. 2, Langensalza 1928, S. 535.

[165] Vgl. Schlunk, *Die Schulen für Eingeborene*, a.a.O., S. 19.

während die Norddeutsche und Steyler Mission nach eignen Angaben nur ausnahmsweise Schüler als Lehrkräfte einsetzten, war dies an den Schulen der Wesleyanischen Mission gängige Praxis, "insofern sie für jede ihrer Schulen Monitoren im Alter von 11-20 Jahren beschäftigen."[166]

Für die Missionen stellte es kein Problem dar, pädagogisch und fachlich nicht qualifizierte Lehrkräfte zu beschäftigen, solange dies nur dem übergeordneten Ziel diente, den religiösen Einfluss der Mission auszudehnen. Daher wurde an den Missionsschulen der größte Teil des Unterrichts

> "mit Absicht in die Hand von Eingeborenen gelegt und nur die Aufsicht und die Erteilung besonders schwieriger Stunden den Europäern überlassen. Nur ein Eingeborener kann so unterrichten, wie es die Kinder des Landes verstehen, und wenn er pädagogisch zehnmal, hundertmal weniger leistet als ein Europäer, den Vorzug, daß er die Denkweise seiner Schüler versteht, ersetzt keine pädagogische Schulung."[167]

Obwohl die afrikanischen Lehrkräfte in der Kolonialliteratur regelmäßig als "Hilfslehrer" bezeichnet werden, ergibt sich allein aus ihrer Anzahl, dass sie eine tragende Rolle im Schulwesen einnahmen. Wie Schlunk schreibt, unterstand den afrikanischen Lehrern – vor allem in den Dorfschulen – oft der gesamte Lehrbetrieb, während die deutschen Missionare den Unterricht an den gehobenen Schulen leiteten und die Aufsicht über die Arbeit der afrikanischen Lehrkräfte führten:

> "Auf den Außenschulen beschränkt sich der Europäer auf gelegentliche Besuche und Prüfungen, vielleicht daß er sich vierteljährlich, vielleicht auch monatlich oder gar wöchentlich einmal kurze Zeit am Schulorte aufhält, im übrigen liegt die Verantwortung beim eingeborenen Lehrer. Auf den Hauptstationen und grundsätzlich bei allen gehobenen Schulen wird ständige Kontrolle durch den Europäer geübt, der Unterricht zum Teil ganz vom Europäer übernommen."[168]

---

[166] Ebenda.

[167] Schlunk, *Die Norddeutsche Mission in Togo*, a.a.O., S. 83.

[168] Schlunk, *Das Schulwesen in den deutschen Schutzgebieten*, a.a.O., S. 45.

Auch der Deutschunterricht gehörte zu den Fächern, die möglichst von afrikanischen Lehrern unterrichtet werden sollten, damit die deutschen Missionare sich auf ihre leitenden Aufgaben konzentrieren konnten.

> "Für die Mission, der an missionarischer Unterweisung liegt, wäre es eine Kraftvergeudung, den [Fremdsprachen-]Unterricht lediglich Europäern anzuvertrauen. Es genügt, wenn der abschließende sprachliche Unterricht vom Missionar erteilt, der übrige von ihm nur überwacht wird."[169]

Den Missionen war allerdings bewusst, dass es problematisch war, afrikanischen Lehrkräften den Fremdsprachenunterricht im Deutschen zu überlassen, wenn diese selbst nur über mangelhafte deutsche Sprachkenntnisse verfügten. Die Norddeutsche Mission hatte seit 1884 einzelnen ihrer vielversprechenden Zöglinge einen Aufenthalt in Deutschland ermöglicht – bis 1912 sollen es nach Angaben von Schlunk 20 Togolesen gewesen sein, denen dieses Privileg zuteil wurde.[170] Die Ausbildung dieser angehenden Prediger und Lehrer der Mission in Deutschland schloss auch eine weitere sprachliche Schulung im Deutschen ein, da nur ein geringer Teil der geistlichen Schriften ins Ewe übersetzt war und sich somit gerade für die theologische Bildung ein Studium deutschsprachiger Texte als unverzichtbar erwies.[171] Gegen Ende der deutschen Kolonialherrschaft trug man sich in der Norddeutschen Mission mit der Überlegung, die Möglichkeiten eines Deutschlandsaufenthaltes für "geistig und sittlich geeignete Lehrer"[172] aus Togo zu erweitern. Geplant war, Absolventen des Lehrerseminars in einem einjährigen Kursus in Deutschland gezielt sprachlich und pädagogisch fortzubilden, und man versprach sich davon im Sinne der Entwicklung des Missionsschulwe-

---

169 Schlunk, *Die Norddeutsche Mission in Togo*, a.a.O., S. 94.

170 Vgl. ebenda.

171 Über den sprachlichen Erfolg dieser Deutschlandaufenthalte berichtete die Norddeutsche Mission: "Tatsache ist, daß unsere, drei Jahre in Deutschland ausgebildeten Gehilfen während dieser Zeit besser Deutsch gelernt haben, als Durchschnitts-Europäer in der doppelten oder dreifachen Zeit Ewe zu lernen vermögen." (Zit. nach: Schlunk, *Die Schulen für Eingeborene*, a.a.O., S. 29.)

172 Schlunk, *Die Norddeutsche Mission in Togo*, a.a.O., S. 94.

sens einen "Gewinn, der die Kosten selbst dann lohnen würde, wenn von den nach Deutschland gebrachten Lehrern nachher nur die Hälfte [...] im Missionsdienst bliebe."[173]

4.5 Sonstige Bedingungen des Unterrichts

Auch in Bezug auf die Baulichkeiten und die Ausstattung der Schulen lassen sich große Unterschiede zwischen den einzelnen Typen feststellen. So werden alle Regierungsschulen und die Hauptstationsschulen der Missionen als "feste, in europäischer Art gebaute, gekalkte und meist mit Teerdach oder Wellblechdach versehene Häuser" mit zwei bis sieben Räumen beschrieben, die Außenstations- oder Dorfschulen dagegen waren in der Regel einräumige "Strohhütten, deren Steckwände mit Lehm beworfen werden und alle 2-3-4 Jahre erneuert werden müssen. Das Schulhaus [...] ist meist offen, mit nur halbhoch beworfenen Mauern, ohne Türen und Fensterläden."[174] Direkt der Schule angegliedert waren die Lehrerwohnungen und – vor allem bei den Regierungsschulen, Hauptstationsschulen und Fortbildungsanstalten, deren Schüler meist nicht aus dem gleichen Ort kamen – die Wohn- und Schlafräume für die Schüler. Während die deutschen Lehrer in "hübschen, gesunden Europäerhäusern" untergebracht waren, stellten die Missionen ihren afrikanischen Lehrkräften "ein schlichtes Haus nach Landesart", um "die Lehrer möglichst in ihrer sozialen Stellung nicht allzuweit über ihre Volksgenossen herauszuheben."[175]

Die Unterrichtsräume aller Schulen waren zumindest mit Bänken, Tischen, einer Schultafel und Kreide ausgestattet, die höheren und besser finanzierten Schulen verfügten über Bilder und Wandtafeln für den Anschauungsunterricht sowie Landkarten von Togo und Afrika, Deutschland und Europa und Weltkarten.

---

173 Ebenda, S. 95.

174 Schlunk, *Die Schulen für Eingeborene*, a.a.O., S. 20.

175 Schlunk, *Das Schulwesen in den deutschen Schutzgebieten*, a.a.O., S. 41.

Eine Besonderheit stellte die Schülerbibliothek der Regierungsschule von Sebevi dar. Gustav Lenz erwähnt sie in seiner im Jahre 1900 erschienenen Abhandlung über die Regierungsschulen in den deutschen Kolonien als einzige ihrer Art und verweist gleichzeitig darauf, dass sie ihre Existenz der Initiative eines engagierten Pädagogen und der Hilfsbereitschaft von Kollegen und Schülern in Deutschland zu verdanken hatte:

> "Sie wurde von dem schon mehrfach erwähnten Regierungslehrer Walter hauptsächlich deshalb angelegt, um die Kenntnisse seiner Schüler im Deutschen zu fördern und die jungen Neger mit deutscher Art und deutschem Wesen mehr und mehr bekannt zu machen. Eine wertvolle Bereicherung erfuhr sie durch die Freigiebigkeit der Schüler unseres Gymnasiums, die ihren schwarzen Schulkameraden in Afrika ungefähr 120 Bände vorzugsweise erzählenden, aber auch belehrenden Inhalts stifteten. [...] Die Bibliothek zählt gegenwärtig gegen 200 Bände und wird von den jetzigen und ehemaligen Zöglingen der Anstalt eifrig benützt."[176]

Auch wenn sich in der Literatur keine Angaben zur Größe der Klassenverbände finden lassen, kann anhand der Gesamtzahl von Schülern und Lehrern in der Kolonie festgestellt werden, wie viele Schüler im Durchschnitt auf einen Lehrer entfielen. Bei insgesamt 457 Lehrkräften und 13.742 Schülern in Togo kam durchschnittlich ein Lehrer auf dreißig Schüler. An den Elementarschulen lag das Verhältnis mit 31 Schülern pro Lehrkraft etwas höher, wohingegen an den gehobenen Schulen im Schnitt nur 26 Schüler auf einen Lehrer entfielen.[177]

In der Kolonie bestand keine Schulpflicht; sowohl an den staatlichen wie an den privaten Bildungsanstalten nahmen die Schüler sämtlicher Stufen freiwillig am Unterricht teil. Gerade in den ländlichen Gegenden, wo auch die Schulabbrecherquote extrem hoch war, besuchten große Teile der Schülerschaft nur sehr unregelmäßig den Unterricht. Dies war vor allem dort der Fall, wo die Schüler ihre Eltern bei der landwirtschaftlichen

---

[176] Lenz, a.a.O., S. 14.

[177] Vgl. Zahlen bei Schlunk, *Die Schulen für Eingeborene*, a.a.O., S. 54f.

Arbeit unterstützen mussten und die Wertschätzung der schulischen Ausbildung von Seiten der Eltern gering ausfiel. Nach Angaben der Norddeutschen Mission lag die Zahl der regelmäßig am Unterricht teilnehmenden Schüler in einigen ländlichen Bezirken bei nur 45 Prozent, während auf der anderen Seite die Steyler Mission über die städtisch geprägten Regionen feststellte: "An den größeren Handelsplätzen, wie Lome, Anecho, Agome Palime, Porto Seguro etc. besuchen die Schüler beinahe regelmäßig die Schule."[178] Eindeutig hing die Wertschätzung des Schulbesuchs durch Schüler und deren Eltern, die sich in der regelmäßigen Teilnahme am Unterricht und der Absolvierung des Bildungsgangs ausdrückte, mit der konkreten Verwendbarkeit der schulisch vermittelten Kompetenzen zusammen. Je deutlicher und greifbarer ein Schulabschluss als Voraussetzung für eine gehobene soziale Stellung im Kolonialsystem erkannt wurde, umso weniger mussten die Schüler und ihre Eltern mit Drohungen und "kleinen Geschenken"[179] von den Vorzügen des Schulbesuchs überzeugt werden. In den Wirtschaftszentren der Kolonie war die Verwendbarkeit des Wissens, das die Schule europäischen Typs vermittelte, größer und sichtbarer als in den agrarisch geprägten Regionen, wie auch der Besuch einer Regierungsschule, die direkt auf den Dienst in der Kolonialadministration und -wirtschaft vorbereitete, eher einen sozialen Aufstieg versprach als die Ausbildung an einer Missionsschule, deren Fokus primär auf der moralisch-geistlichen Erziehung lag. So berichtete Schlunk zur Schuldisziplin:

> "Die Regierung in ihren Schulen ist besser daran. Sie nimmt ja ihre Schüler später zu Beamten, und Beamtenposten sind begehrt. Da wirkt die Möglichkeit, zurückgestellt zu werden, von selbst auf Pünktlichkeit und regelmäßigen Schulbesuch, auf Schulzucht und Aufmerksamkeit. Bei den Missionsschulen aber liegt die Gewinnung und dauerhafte Bindung der Schüler lediglich an der Person des Schulleiters oder des einzelnen Lehrers."[180]

---

[178] Zit. nach: ebenda, S. 27.

[179] Vgl. ebenda.

[180] Schlunk, *Das Schulwesen in den deutschen Schutzgebieten*, a.a.O., S. 53.

Die Bereitschaft, Deutsch zu lernen, war somit eng verbunden mit der beruflichen Perspektive der Schüler und der Möglichkeit, durch die Fremdsprachenkenntnisse eine privilegierte Stellung in der Kolonialgesellschaft zu erlangen. Daher soll zuletzt ein Blick darauf geworfen werden, über welche Deutschkenntnisse die Absolventen der Schulen verfügten und wie sich diese auf ihre Berufsaussichten auswirkten.

4.6 Deutschkenntnisse und Berufsaussichten der Schüler nach Ausbildungsabschluss

Da die Dorf- und Außenstationsschulen der Missionen nach deren eigenen Angaben eine Schulabbrecherquote von 90 bis 95 Prozent aufwiesen, von vielen Schülern nur sehr unregelmäßig besucht wurden und der Fremdsprachenunterricht im Deutschen an diesen Schulen oftmals ganz ausfiel oder, wie Schlunk berichtete, "ohne jede ernsthafte Bedeutung"[181] war, kann hinsichtlich der Absolventen dieser Elementarschule kaum von Deutschkenntnissen die Rede sein. Wie von der Regierung und den Missionen explizit formuliert, sollte diese junge Generation der Landbevölkerung der exportwichtigen Agrarwirtschaft erhalten bleiben und nicht durch ihre Ausbildung dazu ermutigt werden, nach Höherem zu streben und ihre Scholle zu verlassen.

Anders verhielt sich dies in Bezug auf die elementarbildenden Regierungsschulen und Hauptstationsschulen der Missionen. Schüler, die auf diesen Schulen aufgenommen wurden, hatten die Aussicht, nach ihrem Abschluss direkt in den Dienst der Kolonialadministration, der Privatwirtschaft oder der Missionen übernommen zu werden bzw. noch eine weiterführende Schule zu besuchen, die sie für höhere Dienste in den genannten Sektoren qualifizierte. Da Deutschkenntnisse für die meisten dieser Tätigkeiten eine Schlüsselqualifikation darstellten, wurde mit besonderem Nachdruck an den Regierungsschulen, aber auch an den Hauptstationsschulen der Missionen Sprachunterricht im Deutschen erteilt. Welchen vergleichsweise hohen Sprachstand die Schüler dabei

181 Schlunk, *Die Norddeutsche Mission in Togo*, a.a.O., S. 87.

erreichen sollten, kann dem bereits ausführlich zitierten Curriculum für den Deutschunterricht im letzten Schuljahr der elementarbildenden Regierungsschule entnommen werden. Auch der anspruchsvolle Lehrplan für den Deutschunterricht an der Regierungsfortbildungsschule legt Zeugnis darüber ab, dass zumindest die besten Schüler mit fundierten Fremdsprachenkenntnissen aus der Elementarschule entlassen wurden.

Leider lassen sich auf der Grundlage der Quellen keine genauen Angaben zu den durchschnittlichen Deutschkenntnissen der Schüler nach dem Schulabschluss machen. Die Erhebung des Hamburgischen Kolonialinstituts brachte in dieser Frage keine detaillierten Ergebnisse hervor, allerdings finden sich in der Studie aussagekräftige Stellungnahmen zum Sprachstand der Absolventen. So berichteten die Regierungsschulen:

> "Die Schüler verfügen über einen verhältnismäßig reichen Wortschatz, sind aber noch recht steif und schwerfällig in der deutschen Sprache."[182]

Die Missionen gaben Folgendes an:

> "Nach Beendigung der Schule können die Schüler die deutsche Umgangssprache leidlich gut verstehen, ziemlich fließend sprechen und gewöhnliche Briefe und leichte Aufsätze im Deutschen anfertigen."[183]

Es lässt sich hieraus ableiten, dass im Deutschunterricht an den Regierungs- und Hauptstationsschulen zumindest eine Grundlage in der Fremdsprache gelegt wurde, die im Zuge der weiteren beruflichen Ausbildung und Tätigkeit sowie im Privaten erweitert werden konnte und die Absolventen für Berufe in der Kolonialverwaltung qualifizierte, die zumindest in ihrer großen Mehrheit eine sichere Beherrschung des Deutschen voraussetzten. Aus einem Brief des Präses der Norddeutschen Mission von 1910[184] geht hervor, dass die Regierungsschüler bei den zentralen Abschlussprüfungen in Lome die deutsche Sprache weitaus besser

---

[182] Zit. nach: Schlunk, *Die Schulen für Eingeborene*, a.a.O., S. 31.

[183] Zit. nach: ebenda, S. 30.

[184] In: Adick/Mehnert, a.a.O., S. 173f.

beherrschten als die Missionsschüler.[185] Wie Schlunk bemerkte, waren die Leistungen der Schüler "vor allen Dingen in der deutschen Sprache" dort besonders hoch, wo durch eine Vielzahl von Schulen und Absolventen vor Ort eine starke Konkurrenz sowohl zwischen den Schulträgern um Ansehen und Schüler als auch zwischen den Absolventen selbst um die begehrtesten Stellen in Administration und Wirtschaft herrschte.[186]

Eine "Überproduktion von Deutschredenden",[187] die von den Missionen befürchtet wurde, war allerdings nicht festzustellen. Die wachsende Kolonialwirtschaft verlangte nach qualifizierten Arbeitskräften und die Absolventen konnten offensichtlich ohne Probleme eine ihrem Abschluss entsprechende Stelle finden. So ist beispielsweise dem Jahresbericht der Regierungsschule von Sebevi von 1909 zu entnehmen, dass sämtliche Absolventen umgehend eine Stelle in der Administration oder bei Regierungsärzten fanden.[188] Der Präfekt der Steyler Mission berichtete über den beruflichen Werdegang der Hauptstationsschüler:

> "Die meisten Schüler fanden bis jetzt sofort nach Abgang von der Schule Anstellung beim Gouvernement, bei den Bezirksämtern, beim Zoll, als Dolmetscher, Schreiber und Aufseher, bei der Post als Telegraphisten und Postgehilfen, bei der Bahn als Schreiber, Zugführer und Schaffner, als Stationsvorsteher und Streckenaufseher, bei den Kaufhäusern als Einkäufer und Verkäufer, als Buchhalter und einzelne auch als Kassierer, bei der Mission als Lehrer und Katechisten."[189]

---

185 "Natürlich war das Resultat ein sehr ungleiches. Voran steht die Regierungsschule, die ja nur Deutsch treibt und darin vorzügliches leistet. Dann kamen die Katholiken, die ihre Schüler vorher zusammenerzogen und tüchtig gedrillt hatten. Gut war auch unsere Lomeschule, dagegen ließen die Aguer und Hoer sehr zu Wünschen übrig und bin ich gespannt, wie viele durchgefallen sind." (Ebenda, S. 174.)

186 Vgl. Schlunk, *Das Schulwesen in den deutschen Schutzgebieten*, a.a.O., S. 30.

187 Vgl. Zitat auf S. 91, Fußnote 130.

188 Vgl. *Jahresbericht der Regierungsschule in Sebevi*, in: Adick/Mehnert, a.a.O., S. 159.

189 Zit. nach Schlunk, *Die Schulen für Eingeborene*, a.a.O., S. 31.

Aus dieser Liste von Berufsmöglichkeiten für die Schulabsolventen geht klar hervor, wie sehr die Beherrschung der Fremdsprache Deutsch eine Schlüsselqualifikation für eine Anstellung im Verwaltungs- und Handelswesen der Kolonie und den damit verbundenen sozialen Aufstieg darstellte.

Die Feststellung der Norddeutschen Mission, bei den derart gebildeten Schichten der autochthonen Bevölkerung sei "wenig Lust vorhanden [...] auf ihren Acker zurückzukehren",[190] kann kaum überraschen, bedeutete doch eine Anstellung in der Verwaltung oder im Handelswesen nicht nur ein leichteres Auskommen sondern auch eine bessere Möglichkeit zur Teilhabe an der Kultur der Kolonialherren:

> "Mit der Bildung wächst das Bedürfnis. Ein durch die Schule gegangenes Volk wird sich die Kulturgüter der Kolonisatoren mit vollem Recht aneignen. So helfen die Schulen nicht nur, eine gebildete Mittelschicht zu erziehen, sondern das ganze Kulturniveau des Volkes zu heben. Das zeigt sich in Wohnung und Kleidung, in Lebenshaltung und Lebensansprüchen, in der Verbesserung der Volkshygiene, im Werte schaffen wie im Werte brauchen. Das ist der soziale Erfolg der Schultätigkeit für den Staat."[191]

Es sei noch einmal darauf hingewiesen, dass diese wachsenden Bedürfnisse und Ansprüche auf kulturelle Teilhabe der gehobenen afrikanischen Schichten sich für die Kolonialregierung nicht so unproblematisch darstellten, wie Schlunk sie in dem Zitat oben abhandelt. Es handelte sich um ein zweischneidiges Schwert: Während die erfolgreiche Kolonisation – sowohl aus Sicht der Missionen wie auch vom Standpunkt der Regierung aus – mit einer zumindest teilweisen Zerschlagung der autochthonen Kultur und dem Import und Aufbau neuer kultureller Werte und Praktiken einherging, bedeutete eine Aneignung der Kultur der Kolonialherren und das Stellen von Ansprüchen durch die Kolonisierten immer auch eine Gefährdung der Privilegien, über die die Kolonialherren aufgrund ihrer ‚überlegenen' kulturellen Stellung verfügten. Die Heraus-

---

[190] Zit. nach: ebenda.

[191] Schlunk, *Das Schulwesen in den deutschen Schutzgebieten*, a.a.O., S. 66.

bildung einer afrikanischen Mittlerschicht im Kolonialsystem war somit von widersprüchlicher Natur, da sie sowohl als Stütze der Kolonialherrschaft fungierte als auch – gerade auch aufgrund ihrer europäischen Bildung – die Kraft war, die die Legitimation des Herrschaftssystems in Frage stellen konnte.

4.7 Resümee: Die Manifestation des kolonialen Interesses im Deutschunterricht

Aus dem zur Verfügung stehenden und oben präsentierten Material ergibt sich ein Gesamtbild, das erkennen lässt, welche Stellung dem Fremdsprachenunterricht Deutsch im Schulbetrieb zukam, unter welchen Bedingungen er durchgeführt wurde und wie seine praktische Gestaltung aussah.

Auf der Grundlage dieses Gesamtbildes soll zusammenfassend die Frage aufgeworfen werden, inwiefern sich im Deutschunterricht in Togo das koloniale Interesse allgemein und das sprachenpolitische Interesse im Besonderen manifestierte. Bei der Beantwortung ist wiederum eine Unterscheidung zwischen der Kolonialregierung auf der einen und den Missionen auf der anderen Seite zu treffen – auch wenn die Missionen neben dem kolonialen Regierungs- und Verwaltungsapparat die Hauptstützen der deutschen Herrschaft waren und sich selbst auch in dieser Funktion verstanden, verfolgten sie nicht die gleichen Ziele wie der Staat. Dies kam in der Bildungspolitik und ganz besonders in der Frage des Deutschunterrichts zum Ausdruck.

Das Hauptinteresse der Missionen an der Christianisierung der autochthonen Bevölkerung und der Einflussgewinnung ihrer spezifischen Glaubensrichtungen stand im Widerspruch zur fremdsprachlichen Bildung im Deutschen auf dem Niveau der Elementarbildung. Um die Bekehrungsarbeit besonders effektiv zu gestalten, stützten sich die Missionen bei der Verbreitung ihrer Glaubenslehren grundsätzlich auf lokale Sprachen und hatten sich im multilingualen Togo auf das Ewe als Missionssprache geeinigt. Vor dem staatlichen Eingriff in die Curricula bestand der Unterricht an ihren Schulen denn auch konsequenterweise zum größten Teil aus religiöser Unterweisung. Der Fremdsprachenunterricht im Deutschen auf dem Niveau der Elementarbildung wurde 1906 auf Druck der Regierung eingeführt und entsprach keineswegs den Interessen der Missionen. Während sie sich dem Druck letztlich beugten und widerstrebend das von der Regierung geforderte Maß an Deutschunterricht zumindest formal in ihre Lehrpläne aufnahmen, vertraten sie in Verhandlungen mit der Regierung deutlich ihren entgegengesetzten Standpunkt.

Die vom Gouvernement eingeleitete sprachenpolitische Wende, die sich in der neuen Schulverordnung von 1910 niederschlug, entsprach den Anliegen der Mission in wesentlich größerem Maße. Dadurch dass der Musterlehrplan des Gouvernements nur noch den Status einer Empfehlung hatte und nicht länger bindend umgesetzt werden musste, waren die Missionen in der Lage, ihren Interessen gemäß zu differenzieren, welchen Schülern sie eine fremdsprachliche Ausbildung gewähren wollten und welchen nicht.

An den Dorf- bzw. Außenstationsschulen, auf denen sich die große Masse der Schülerinnen und Schüler befand, wurde der Deutschunterricht demnach völlig vernachlässigt. Wenn er überhaupt erteilt wurde, dann war er "ohne jede ernsthafte Bedeutung"[192] und wurde von Lehrern erteilt, die für diese Aufgabe nicht ausgebildet worden und zum Teil selbst nicht sicher im Umgang mit der Sprache waren. Diese Stellung des Deutschunterrichts korrespondierte mit der geringen Bedeutung, die der Bildung der ländlichen Bevölkerung von Seiten der Mission allgemein zugemessen wurde. Für die Missionen stellte sich die Situation so dar, dass sie einen stärkeren Einfluss über die Bauern ausüben konnten, solange diese auf ihren Dörfern und in relativer Unwissenheit blieben. Jede Bildung, die den Blick über ihr Dorf hinaus lenkte, und dazu zählte fraglos eine fremdsprachliche Bildung, erhöhte die Gefahr einer Abwanderung in die Städte, wodurch sich die Bauern auch der Kontrolle der Missionen entzogen.

---

[192] Schlunk, *Die Norddeutsche Mission in Togo*, S. 87.

Eine bestimmte Auswahl von Schülern, die den Missionen besonders begabt und geeignet schienen, wurde unterdessen von ihnen für eine höhere Bildung vorgesehen und auf einer der Hauptstationsschulen und möglicherweise im Anschluss daran sogar auf einer der Fortbildungsschulen oder im Lehrerseminar der Missionen ausgebildet. Diese höhere Qualifizierung ausgewählter Schüler schloss eine fremdsprachliche Ausbildung im Deutschen ein. Die Missionen verfolgten damit zwei Interessen: Einerseits erhielten sie anteilig nach der Anzahl der Schüler, die die zentralen Abschlussprüfungen des Gouvernements bestanden, Gelder aus dem Schulfond der Regierung – die Missionen konnten sich also zumindest eine staatliche Teilfinanzierung ihres Schulwesens in der Kolonie sichern, indem sie eine gewisse Zahl ihrer Schüler gemäß den Regierungsanforderungen ausbildeten, die unbedingt eine fundierte Kenntnis der deutschen Sprache einschlossen. Andererseits legten die Missionen selbst Wert darauf, dass ihre Lehrer, Katechisten und Pfarrer, die sie aus der afrikanischen Bevölkerung rekrutierten, das Deutsche grundlegend beherrschten.

Für die Ausbildung dieser Berufsgruppen, die aus Sicht der Missionen den Garant für die weitere Verbreitung des Christentums darstellten, war das Studium deutschsprachiger Texte unverzichtbar, da nur ein kleiner Teil der geistlichen Schriften ins Ewe übersetzt war. Zudem beherrschten nicht alle deutschen Missionare das Ewe, so dass das Deutsche auch Kommunikationssprache unter den Vertretern der Missionen war, und nicht zuletzt wurde von den afrikanischen Lehrern an den Hauptstations- und Fortbildungsschulen erwartet, dass sie wiederum Deutsch unterrichteten. Die Erteilung von Deutschunterricht an eine verhältnismäßig kleine Anzahl auserwählter Schüler durch die Missionen geschah daher weniger auf Druck der Regierung, als dass dies den Interessen der Missionen selbst entsprach – der Sicherung und Vergrößerung ihres Einflusses in der Kolonie als Grundlage der Glaubensverbreitung.

Hinsichtlich der Regierung muss festgestellt werden, dass ihr unveränderliches Interesse an einer Stabilität der kolonialen Herrschaft und einer profitablen Ausbeutung der Kolonie und ihrer Ressourcen einen sehr wechselhaften Ausdruck in der Sprachenpolitik fand. Diese wiederum spiegelte sich sehr deutlich in den Lehrplänen und Schulverordnungen wider.

Die anfängliche Überzeugung von Gouverneur Zech, durch die Etablierung des Deutschen als Verkehrs- und Umgangssprache in der Kolonie lasse sich eine "deutsch-nationale" Gesinnung und Loyalität gegenüber dem Kaiserreich bei den Kolonialuntertanen erreichen, führte dazu, dass dem Deutschunterricht in den Lehrplänen eine herausragende Stellung eingeräumt wurde. Nicht allein an den Regierungsschulen wurde der Deutschunterricht zum zentralen Fach des Curriculums und jeder andere Unterricht ebenfalls in deutscher Sprache erteilt, sondern auch die Missionsschulen wurden in der Periode von 1906 bis 1910 gezwungen, einen erheblichen Teil ihrer Wochenstunden in sämtlichen Stufen dem Unterricht in deutscher Sprache zu widmen. Beim gleichzeitigen Verbot jedes anderen Unterrichts in einer europäischen Fremdsprache wurde das Deutsche damit deutlich über den Status einer ‚normalen' Fremdsprache hinaus gehoben. Das extensive Ausmaß des Deutschunterrichts ging in dieser Phase weit über das Interesse der Regierung an deutschsprachigen Kräften für die Kolonialadministration und -wirtschaft hinaus und entsprach vielmehr dem Ziel, Togo auch sprachlich ‚deutsch' zu machen, über die Verbreitung des Deutschen als Umgangssprache im Lande das Territorium als nationalen Besitz des Reiches zu markieren und die Untertanen an ihre deutschen Herren zu binden.

Als das Gouvernement nach wenigen Jahren einen Umschwung in der Sprachenpolitik vollzog und das Deutsche nicht länger als Verkehrssprache zu etablieren gedachte, sondern statt dessen eine gründliche Ausbildung im Deutschen nur noch für einen verhältnismäßig kleinen Kreis privilegierter Schüler vorsah, bedeutete dies keinen fundamentalen Wechsel ihrer Interessen in der Kolonie. Die Regierung folgte damit den Warnungen der Missionen und einzelner Kolonialpolitiker wie Carl Meinhof vor einer solchen fremdsprachlichen Bildung für breite Bevölkerungsschichten, die höhere Erwartungen, Ansprüchen und Bedürfnisse erzeugte und dadurch Unzufriedenheit mit den Bedingungen der deutschen Herrschaft fördern und eine Landflucht auslösen konnte, die eine empfindliche Beeinträchtigung der Agrarexporte mit sich zu bringen drohte. Konfrontiert mit der Aussicht, dass ihre Politik der massiven Verbreitung des Deutschen letztendlich destabilisierende Folgen für die Kolonialherrschaft haben konnte, überließ das Gouvernement den Missionen die Basiserziehung der Masse der Bevölkerung in den Dorfschulen und förderte gleichzeitig mit Nachdruck die Heranziehung einer gerade in der deutschen Sprache gut ausgebildeten Mittlerschicht, auf die sich die Verwaltung und der Handel der Kolonie stützten. Besonders im Lehrplan der staatlichen Fortbildungsschulen ist deutlich zu erkennen, dass der Deutschunterricht pragmatisch ausgerichtet war und vorrangig die Funktion erfüllte, Schüler auf ihre späteren beruflichen Tätigkeiten in diesen Sektoren vorzubereiten. Diese deutschsprachige Elite sollte sich nach dem Anspruch des Gouvernements selbstverständlich durch Loyalität gegenüber der deutschen Herrschaft auszeichnen, doch wurde dies stärker durch die Vergabe privilegierter Positionen erreicht als durch die Sprachvermittlung. Auch bei dieser Schicht wollte man die Ansprüche und Bedürfnisse gering halten und bildete sie daher weder in Deutschland aus, noch ließ man im Schulunterricht ihr Wissen über Deutschland allzu groß werden und über die hagiografische Darstellung der Kaiserfamilie wesentlich hinausgehen. Trotz aller Privilegien war man sich der Loyalität dieser Elite nicht sicher genug, als dass man ihr einen unbeschränkten Zugang zum Wissen und zur Kultur der Herrschaft erlaubt hätte.

5 Resümee und Ausblick

Zum Abschluss sollen noch einmal die Ergebnisse der Untersuchung zu Sprachenpolitik und Deutschunterricht in der deutschen Kolonie Togo zusammengefasst werden. Zudem ergeben sich aus der Studie weitergehende Forschungsfragen, die eine künftige Beschäftigung mit diesem wenig erkundeten Themenfeld lohnenswert erscheinen lassen.

Die Sprachenpolitik des Gouvernements in Lome war Ausdruck der sozioökonomischen Interessen, die die deutschen Kolonialherren in der Kolonie Togo verfolgten. Bei diesen handelte es sich auf grundlegender Ebene um die Stabilisierung und Aufrechterhaltung der deutschen Herrschaft und die profitable Entwicklung und Ausbeutung der natürlichen Ressourcen des "Schutzgebiets". Um dies zu erreichen, wurde einerseits nach außen der Anspruch des Deutschen Reiches auf Togo gegen die imperialistischen Konkurrenznationen geltend gemacht. Andererseits waren die Kolonisatoren im Innern bestrebt, eine größtmögliche Akzeptanz der Fremdherrschaft durch die afrikanische Bevölkerung zu erreichen und eine afrikanische Mittlerschicht heranzuziehen, auf die sich die verhältnismäßig sehr geringe Zahl der vor Ort anwesenden Deutschen bei der Verwaltung der Kolonie und ihrer ökonomischen Entwicklung stützen konnte.

Wie die Analyse der Kontroverse um die "Sprachenfrage" gezeigt hat, existierten innerhalb der kolonialen Kreise des Kaiserreiches verschiedene und durchaus gegensätzliche Konzepte, wie diesen kolonialen Interessen auf der Ebene der Sprachenpolitik Nachdruck verliehen werden konnte. Während diese unterschiedlichen Konzeptionen auch Spiegel der Partikularinteressen der einzelnen Träger der Kolonialherrschaft waren, bestand in der Debatte ein grundlegender Konsens darüber, dass die Sprachenpolitik der kolonialen Herrschaftssicherung zu dienen hatte. Auch die in der Kolonie Togo vollzogenen Wechsel in der Sprachenpolitik der Regierung fanden unter dieser Prämisse statt: In gewisser Hinsicht kam Deutsch-Togo einem Experimentierfeld für koloniale Sprachenpolitik gleich, in dem in kurzer zeitlicher Abfolge sehr unterschiedlichen Modellen der Sprachenverbreitung Geltung verliehen wurden, die kolonialen Interessen indes unverändert bestehen blieben.

Diese oben genannten Interessen drückten sich in der Sprachenpolitik auf verschiedenen Ebenen aus. Zum Einen wurde mit dem Verbot, jede andere lebende europäische Fremdsprache als die deutsche in der Kolonie zu unterrichten, der Versuch unternommen, den Einfluss der anderen europäischen Großmächte, insbesondere Großbritanniens, in Togo zurückzudrängen. Zudem erhielten ausgewählte Afrikaner während der gesamten Periode der deutschen Kolonialherrschaft Unterricht im Deutschen, um sie zu Fachkräften für die Institutionen des Kolonialregimes heranzuziehen und sprachlich auf ihre Tätigkeit in der Administration, Wirtschaft und anderen, aus Europa transferierten Einrichtungen vorzubereiten. Diese Schicht, die die deutsche Sprache möglichst sicher und fließend beherrschen sollte, nahm gleichzeitig die Funktion einer Mittlerschicht zwischen Kolonialherren und -untertanen ein, und neben der privilegierten sozialen Stellung, die ihr im Kolonialsystem gewährt wurde, stellte auch die gemeinsame Sprache von Kolonialherren und ihren afrikanischen "Gehilfen" ein verbindendes Element dar.

Während einer kurzen Periode von 1906 bis 1910 versuchte die Kolonialregierung in Lome unter Gouverneur Zech das Deutsche als Umgangs- und Verkehrssprache im ganzen Land zu etablieren und verband damit die Hoffnung, dass die Sprache als gesellschaftlicher Kitt dienen könnte, um die togolesischen Untertanen an die deutschen Herren zu binden. Wenn dieses Unterfangen der allgemeinen Verbreitung des Deutschen nach wenigen Jahren aufgegeben wurde, so weil man im Gouvernement zu der Erkenntnis gelangt war, dass die Sprache allein dies nicht leisten konnte, sondern vielmehr sogar dem gewünschten Ergebnis entgegenlief: Dem sprachlich vermittelten Kontakt mit der Kultur der Kolonialherren folgte das Bedürfnis nach einem unbeschränkten Zugang zu dem Wissen, Lebensstandard und den Errungenschaften der Kolonisatoren. Da die deutschen Kolonialherren weder gewillt noch in der Lage waren, das soziale und kulturelle Niveau der gesamten Kolonialbevölkerung zu heben, konnte die fremdsprachliche Bildung im Deutschen als Katalysator für die Artikulation von Unzufriedenheit und das Entstehen einer antikolonialen Bewegung wirken.

So war das Gouvernement selbst bei jener Schicht europäisch gebildeter Afrikaner, deren Loyalität zur deutschen Herrschaft es sich durch Vergabe sozial gehobener Positionen im Kolonialsystem zu sichern gedachte, bemüht, die Ansprüche und den Einblick in das Herrschaftswissen möglichst gering zu halten. Daher wurde nicht nur die Möglichkeit eines Deutschlandaufenthalts äußerst restriktiv gehandhabt, sondern auch der unkontrollierte Zugang zu deutschen Publikationen und einer höheren Bildung in den benachbarten Kolonien mit großem Misstrauen betrachtet.

Im Deutschunterricht an den Kolonialschulen spiegelte sich dies in der pragmatischen Ausrichtung der Unterrichtsinhalte. Den afrikanischen Schülern wurden im Deutschunterricht die sprachlichen Fertigkeiten vermittelt, die sie für ihre spätere berufliche Tätigkeit in der Kolonialwirtschaft und -administration benötigten, jede Form einer literarischen Bildung in der Fremdsprache oder einer vergleichenden Landeskunde blieb dagegen vollständig ausgespart. Während man die Geschichte des deutschen Kaiserhauses und des deutsch-französischen Krieges 1870/71 in der Kolonialschule behandelte, um die Superiorität der Deutschen und die Legitimität ihrer Herrschaft zu belegen, sollten die Schüler in ihren Alltagsvorstellungen möglichst nicht über die Kolonie hinausblicken und sich nicht die intellektuellen Werkzeuge aneignen können, die eine kritische Hinterfragung der ideologischen Grundlagen der Kolonialherrschaft erlaubten.

Alexis Ngatcha, der den Deutschunterricht im kolonialen Kamerun untersucht hat, stellt zwar in diesem Sinne richtig fest, dass die Schüler im Sprachunterricht nicht lernten, "Fragen zu stellen, um die damaligen Missstände in Frage zu stellen", kommt dann allerdings zu dem simplen Schluss, dass die deutschen Kolonialherren den Deutschunterricht "als eine Strategie der Gehirnwäsche, der Infantilisierung, der Entwürdigung, der Assimiliation sowie als Verschwörung gegen das Volk" einsetzten.

Ein herausragendes Resultat des Deutschunterrichts habe darin bestanden,

> "dass insbesondere der Elite bewusst und raffiniert Werte und Verhaltensweisen vermittelt wurden, die aus diesen zukünftigen Führungskräften Hybriden machten. Ihnen waren weder eine innere Revolte, die zur Dekolonisierung des eigenen Denkens führen könnte, noch das Streben nach einer intellektuellen Befreiung und nach einer kulturellen Dissidenz anzumerken. [...] Unterricht war nichts anderes als eine Falle."[193]

Ngatcha ist vor allem entgegenzuhalten, dass er stark vereinfachend die Wirkungsweise des Fremdsprachenunterrichts mit der dahinter stehenden sprachenpolitischen Intention gleichsetzt. Tatsächlich wurde die afrikanische Mittlerschicht im Kolonialsystem vielmehr durch die ihr gewährte sozial privilegierte Stellung an die deutsche Herrschaft gebunden als durch den Deutschunterricht an sich. Dass die Förderung des kritischen und selbstständigen Denkens kein Lernziel des Deutschunterrichts war, mag man mit Bedauern feststellen, überraschen kann es dennoch nicht, da dies eine Fähigkeit darstellte, die den Herrschaftsinteressen diametral entgegenlief – und nicht nur in den Kolonien, sondern auch im Deutschunterricht an den Schulen im Deutschen Reich nicht vermittelt wurde.[194] Die Kollaboration einer afrikanischen Elite mit den deutschen Kolonialherren und fehlende emanzipatorische Bewegungen jedoch alleine oder primär auf den Deutschunterricht zurückzuführen, bedeutet eine Unterschätzung anderer wirksamer sozioökonomischer Faktoren und eine Überschätzung der ideologischen Indoktrinationsfähigkeit des Unterrichts, die den ambivalenten Charakter der fremdsprachlichen Bildung im Kolonialsystem ignoriert. Unterricht war mehr als bloß eine "Falle". Wenn der Deutschunterricht die sprachlichen Voraus-

---

[193] Ngatcha, a.a.O., S. 60.

[194] So wurde im Deutschen Reich ab 1890 eine bildungspolitische Entwicklung eingeleitet, die "erstens die Schule u.a. zu einem Instrument in den Händen der Machthaber machte und zweitens die politische Erziehung der Schüler, die nach dem Wort des Kaisers vor allem im Deutschunterricht stattfinden sollte, von vornherein auf eine nationalistische, deutschtümelnde Basis stellte." (Ernst, Synes, *Deutschunterricht und Ideologie*, Frankfurt a. M. 1977, S. 111.)

setzungen legte, um die Kultur und das Wissen der Kolonialherren zu assimilieren, so resultierte dieser Prozess nicht notwendigerweise in der Entstehung von loyalen Kolonialangestellten, die ihrerseits Teil des Unterdrückungsapparats gegen die afrikanische Bevölkerung wurden. Der Zugang zu Wissen und Kultur der Kolonisatoren war ebenso eine zentrale Voraussetzung, um die Ideologie und Praxis der Kolonialherrschaft in Frage zu stellen und einer emanzipatorischen Bewegung Bahn zu brechen. Hätte der Deutschunterricht tatsächlich so eindeutig, wie Ngatcha vermutet, als "Gehirnwäsche" und "Infantilisierung" gewirkt, wäre er zweifellos im kolonialen Interesse weiter ausgedehnt und nicht letztendlich auf einen kleinen Kreis von ausgewählten Schülern beschränkt worden. Das Dilemma, dem sich die deutschen Kolonialherren gegenüber sahen, bestand aber gerade darin, dass sie zwar einerseits deutschsprachige Kräfte für die Verwaltung benötigte, andererseits aber die fremdsprachlich gebildete Kolonialbevölkerung soziale, politische und kulturelle Ansprüche stellte und ihre Unzufriedenheit mit dem Regime klarer zum Ausdruck brachte. Aus Angst vor der destabilisierenden Wirkung, die die Umsetzung des einstigen Mottos "Deutsch spricht wirklich jeder Schwarze" entfalten konnte, wurde der Deutschunterricht schließlich in Togo zu einem Privileg, das nur die künftige Elite genoss, deren Loyalität man sich auf anderem Wege zu sichern gedachte.

In diesem Zusammenhang stellt sich allerdings die Frage nach der Stellung und Rolle des Deutschunterrichts im postkolonialen Togo und seiner Verbindung zur kolonialen Vergangenheit. Deutsch nimmt heute den Rang der zweiten Fremdsprache an den höheren Schulen Togos ein,[195] und der DaF-Unterricht in Togo kann und darf die deutsche Kolonialgeschichte in Westafrika nicht ignorieren. Von einem emanzipatorischen Standpunkt aus wäre zu wünschen, dass sich der Deutschunterricht kritisch mit der Erfahrung des Kolonialismus und der deutsch-togolesischen

---

[195] Vgl. Akakpo-Numado, S., Nuakey, Y. und Glitho, S., *Efficacité interne et externe de l'enseignement de l'allemand dans les lycées et collèges de Lomé*, in: Ahadji/Glitho/Oloukpona-Yinnon (Hrsg.), a.a.O., S. 165.

Geschichte auseinandersetzt, auch um einen Beitrag zur demokratischen Entwicklung des Landes zu leisten. Serge Glitho hat allerdings darauf aufmerksam gemacht, dass die Germanistik im heutigen Togo gegen eine verbreitete nostalgische Verklärung der deutschen kolonialen Vergangenheit anzukämpfen hat.[196] Ausgehend von den Ergebnissen der vorliegenden Studie zur historischen Funktion des Deutschunterrichts im Kolonialregime müsste eine Untersuchung dieses Phänomens nicht nur die spätere sozioökonomische Entwicklung Togos unter der französischen Kolonialherrschaft und nach der formalen nationalen Unabhängigkeit des Landes einbeziehen, sondern auch nach der Kontinuität eines – gerade auch im DaF-Unterricht vermittelten – Bildes von der deutschen Kolonialherrschaft fragen und analysieren, inwiefern eine kritische Auseinandersetzung mit der Kolonialgeschichte im Deutschunterricht stattfindet.

Weiterhin ist bereits darauf hingewiesen worden, dass die Sprachenpolitik des deutschen Kolonialismus ein Thema darstellt, dem bislang nur wenig Aufmerksamkeit geschenkt wurde. Auch um die in Togo praktizierte Sprachenpolitik in einen größeren historischen Kontext stellen und letztlich besser beurteilen zu können, erscheinen weitere Studien zur Sprachenpolitik in den anderen deutschen Kolonien, aber auch ein Vergleich mit der Sprachenpolitik in den britischen und französischen Kolonien in Westafrika als ein lohnenswertes Feld zukünftiger Forschungstätigkeit. Zur stärkeren Beleuchtung der deutschen kolonialen Sprachenpolitik wäre es besonders interessant, Togo mit Deutsch-Ostafrika zu vergleichen, als der einzigen deutschen Kolonie, in der nicht die Einführung des Deutschen angestrebt, sondern eine nicht-europäische Sprache, das Suaheli, in den Status einer Amtssprache erhoben wurde. Gerade aufgrund der sehr unterschiedlichen sprachpolitischen Heran-

---

[196] Vgl. Glitho, Serge, *Germanistique et développement national. Le cas du Togo*, in: Ahadji/Glitho/Oloukpona-Yinnon (Hrsg.), a.a.O., S. 113f. Dass eine Verherrlichung der deutschen Kolonialherrschaft im heutigen Togo stattfindet, bestätigten mir auch Anne-Gertrud Kiefer, die derzeit als Fachberaterin für DaF in Lomé tätig ist, und Séna Akakpo-Numado, der 1997 eine Evaluationsstudie zum DaF-Unterricht an Gymnasien in Lomé durchgeführt hat und derzeit an einer Dissertation über Mädchenerziehung im kolonialen Togo arbeitet.

gehensweisen in den beiden deutschen Afrikakolonien wäre eine solche Untersuchung in der Lage zu klären, welche Rolle spezifische lokale Bedingungen bei der Frage nach dem Ausmaß der Verbreitung des Deutschen spielten.

Nicht zuletzt hat die vorliegende Studie die Frage nach der Schulliteratur aufgebracht, die speziell für den Einsatz in den deutschen Kolonien entwickelt worden war. Dieser gesamte Bereich stellt sich praktisch unerforscht dar, so dass bis dato noch nicht einmal eine vollständige Bibliografie der kolonialen Lehrwerke existiert.[197] Eine weitere Forschungsarbeit hinsichtlich der für den Unterricht in den Kolonien erstellten Lehrmaterialien ist in hohem Maße wünschenswert, da sie – nicht nur in Bezug auf den Fremdsprachenunterricht im Deutschen – detaillierte Einblicke in die Bildungsinhalte und -ziele sowie die didaktische Aufbereitung des Lehrstoffs an der Kolonialschule gewähren würde.

[197] Es findet sich einzig eine unvollständige Zusammenstellung von Lehrwerken und geistlichen Schriften, die die Missionen an den Kolonialschulen einsetzten, in: Weichert, a.a.O., S. 17f, 21f, 24, 31, 37, 40f, 44, 46.

Anhang: Karte der deutschen Kolonie Togo

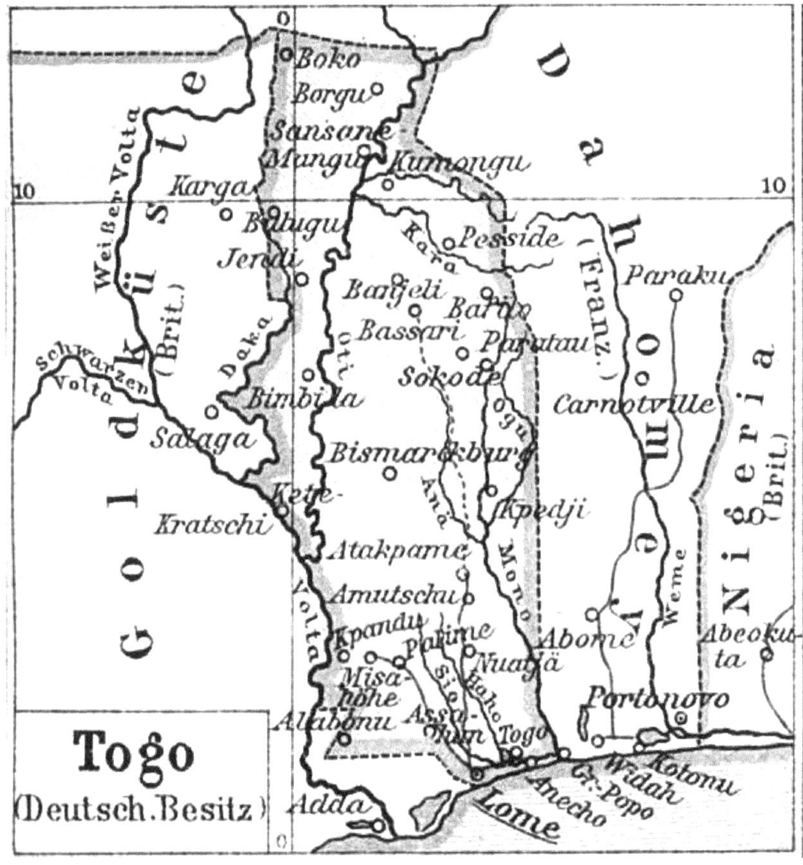

Verzeichnis der verwendeten Literatur

Adick, Christel:

Pädagogische Idylle und Wirtschaftswunder im deutschen Schutzgebiet Togo – Zur Entstehung eines kolonialen Bildungswesens in Afrika, in: *Die Dritte Welt*, 5. Jahrgang, 1977, S. 27-46.

Adick, Christel:

Bildung und Kolonialismus in Togo, Frankfurt a. M., 1981.

Adick, Christel,

Theorie und Analyse kolonialer Lehrpläne, in: *Bildung und Erziehung*, 38. Jahrgang, 1985, Nr. 4, S. 513-524.

Adick, Christel:

Bildung und Ökonomie im kolonialen Kontext – eine empirisch-historische Analyse Deutsch-Togos, in: Bruchhaus, Eva-Maria und Harding, Leonhard (Hrsg.*): Hundert Jahre Einmischung in Afrika 1884-1984*, Hamburg 1986, S. 257-268.

Adick, Christel:

Muttersprachliche und fremdsprachliche Bildung im Missions- und Kolonialschulwesen, in: *Bildung und Erziehung*, 46. Jahrgang, 1993, S. 283-298.

Adick, Christel und Mehnert, Wolfgang:

Deutsche Missions- und Kolonialpädagogik in Dokumenten. Eine kommentierte Quellensammlung aus den Afrikabeständen deutschsprachiger Archive 1884-1914, Frankfurt a. M. 2001.

Akakpo-Numado, Séna; Nuakey, Yao und Glitho, Serge:

Efficacité interne et externe de l'enseignement de l'allemand dans les lycées et collèges de Lomé, in: Ahadji, V., Glitho, S. und Oloukpona-Yinnon, A. (Hrsg.): *Goethe dans la germanistique ouest-africaine*, Lomé 2000, S. 157-166.

Asmis, Rudolf:

Kalamba na M'putu. Koloniale Erfahrungen und Beobachtungen, Berlin 1942.

Avornyo, Raphael Quarshie:
Deutschland und Togo (1847-1987), Frankfurt a. M. 1989.

Barth, C. G.:
Über das Schulwesen unserer Schutzgebiete, in: *Deutsche Kolonialzeitung*, 28. Jahrgang, Nr. 1, 7. Januar 1911, S. 17f, Nr. 3, 21. Januar 1911, S. 41f und Nr. 4, 28. Januar 1911, S. 59 f.

Cornevin, R.:
Geschichte der deutschen Kolonisation, Goslar 1974.

Coulibaley, Franceline:
L'enseignement de l'allemand a l'époque coloniale allemande au Togo (1884-1914), In: Ahadji, V., Glitho, S. und Oloukpona-Yinnon, A. (Hrsg.): *Goethe dans la germanistique ouest-africaine*, Lomé 2000, S. 145-156.

Darkoh, M. B. K.:
Togoland under the Germans – Thirty Years of Economic Development (1884-1914), in: *The Nigerian Geographical Journal*, Nr. 10, 1967, S. 107-122 und Nr. 11, 1968, S. 153-168.

Dietlein, Rudolf:
Deutsche Fibel, Leipzig/Berlin 1903.

Ebot Boulleys, Vera:
Deutsch in Kamerun, Bamberg 1998.

Erbar, Ralph:
Ein "Platz an der Sonne"? Die Verwaltungs- und Wirtschaftsgeschichte der deutschen Kolonie Togo 1884-1914, Stuttgart 1991.

Ernst, Synes:
Deutschunterricht und Ideologie. Kritische Untersuchung der "Zeitschrift für den deutschen Unterricht" als Beitrag zur Geschichte des Deutschunterrichts im Kaiserreich (1887-1911), Frankfurt a. M. 1977.

Full, August:

Fünfzig Jahre Togo, Berlin 1935.

Gerhardt, Ludwig:

Afrikanische Sprachen im gelehrten deutschen Urteil, in: Nestvogel, Renate und Tetzlaff, Rainer (Hrsg.): *Afrika und der deutsche Kolonialismus – Zivilisierung zwischen Schnapshandel und Bibelstunde*, Hamburg 1987, S. 135-152.

Glitho, Serge:

Germanistique et développement national. Le cas du Togo, in: Ahadji, V., Glitho, S. und Oloukpona-Yinnon, A. (Hrsg.): *Goethe dans la germanistique ouest-africaine*, Lomé 2000, S. 107-114.

Gründer, Horst:

Geschichte der deutschen Kolonien, Paderborn 1985.

Gründer, Horst:

Die historischen und politischen Voraussetzungen des deutschen Kolonialismus, in: Hiery, Hermann Joseph (Hrsg.): *Die deutsche Südsee 1884-1914. Ein Handbuch*, Paderborn 2001, S. 27-58.

Hausen, Karin:

Deutsche Kolonialherrschaft in Afrika, Freiburg 1970.

Knoll, Arthur J.:

Togo under Imperial Germany 1884-1914, Stanford 1978.

Knoll, Arthur J.:

Die Norddeutsche Missionsgesellschaft in Togo 1890-1914, in: Bade, Klaus J. (Hrsg.): *Imperialismus und Kolonialmission. Kaiserliches Deutschland und koloniales Imperium*, Wiesbaden 1982, S. 165-188.

Lenz, Gustav:

Die Regierungsschulen in den deutschen Schutzgebieten, in: *Programm des Neuen Gymnasiums Darmstadt*, Nr. 680, Darmstadt 1900.

Markmiller, Anton:

"Die Erziehung des Negers zur Arbeit" – Wie die koloniale Pädagogik afrikanische Gesellschaften in die Abhängigkeit führte, Berlin 1995.

Marks, Shula:

Southern and Central Africa 1886-1910, In: Sanderson, G. N. und Oliver, Roland (Hrsg.): *The Cambridge History of Africa*, Cambridge 1985, Bd. 6, S. 422-492.

Mehnert, Wolfgang:

Schulpolitik im Dienste der Kolonialherrschaft des deutschen Imperialismus in Afrika (1884-1914), Leipzig 1965.

Mehnert, Wolfgang:

Zur Genesis und Funktion der "Regierungsschulen" in den Afrika-Kolonien des deutschen Imperialismus (1884-1914), in: Markov, Walter (Hrsg.): *Afrika-Studien*, Leipzig 1967, S. 143-155.

Mehnert, Wolfgang:

Zur "Sprachenfrage" in der Kolonialpolitik des deutschen Imperialismus, in: *Vergleichende Pädagogik*, 10. Jahrgang, 1974, S. 52-60.

Mehnert, Wolfgang:

Regierungs- und Missionsschulen in der deutschen Kolonialpolitik (1885-1914), in: *Bildung und Erziehung*, 46. Jahrgang, 1993, S. 251-266.

Meinhof, Carl:

Die Bedeutung des Studiums der Eingeborenensprachen, in: *Verhandlungen des Deutschen Kolonialkongresses 1905*, Berlin 1906, S. 343-359.

Meinhof, Carl:

Die praktische Bedeutung der Einheitssprache für die Kolonien, in: *Verhandlungen des Deutschen Kolonialkongresses 1910*, Berlin 1910, S. 732-739.

Merensky, Alexander:
Wie erzieht man am besten den Neger zur Plantagenarbeit?, Berlin 1886.

Mirbt, Carl:
Mission und Kolonialpolitik in den deutschen Schutzgebieten, Tübingen 1910.

Mirbt, Carl:
Die Schulen für Eingeborene in den deutschen Schutzgebieten, in: *Koloniale Monatsblätter*, Jahrgang 1914, S. 218-238.

Ngatcha, Alexis:
Der Deutschunterricht in Kamerun als Erbe des Kolonialismus und seine Funktion in der postkolonialen Ära, Frankfurt a. M. 2002.

Norris, Edward Graham:
Die Umerziehung des Afrikaners. Togo 1895-1938, München 1993.

Nußbaum, Manfred:
Togo – Eine Musterkolonie?, Berlin 1962.

Oloukpona-Yinnon, Adjaï Paulin:
Unter deutschen Palmen – Die "Musterkolonie" Togo im Spiegel deutscher Kolonialliteratur (1884-1944), Frankfurt a. M. 1998.

Paul, D.:
Das Schulwesen in unsern Kolonien, in: *Aus der Schule für die Schule*, Jahrgang 1907, S. 193-197 u. 257-265.

Schlunk, Martin:
Die Norddeutsche Mission in Togo II: Probleme und Aufgaben, Bremen 1912.

Schlunk, Martin:
Das Schulwesen in den deutschen Schutzgebieten, Hamburg 1914.

Schlunk, Martin:
Die Schulen für Eingeborene in den deutschen Schutzgebieten, Hamburg 1914.

Schwager, Friedrich:
Zur Sprachenfrage in Togo, in: *Deutsche Kolonialzeitung*, 20. Jahrgang, Nr. 52, 24. Dezember 1903, S. 520f.

Schwörer, Emil:
Zur künftigen Sprachenfrage in den deutschen Kolonien, in: *Deutsche Kolonialzeitung*, 33. Jahrgang, 20. Januar 1916, S. 10-12, und 20. Februar 1916, S. 25.

Schwörer, Emil:
Kolonial-Deutsch. Vorschläge einer künftigen deutschen Kolonialsprache in systematisch-grammatikalischer Darstellung und Begründung, Diessen vor München 1916.

Sebald, Peter:
Togo 1884-1914. Eine Geschichte der deutschen "Musterkolonie" auf der Grundlage amtlicher Quellen, Berlin 1988.

Seidel, A.:
Zur Wahrung des Deutschtums in Togo, in: *Deutsche Kolonialzeitung*, 20. Jahrgang, Nr. 50, 10. Dezember 1903, S. 501f und Nr. 51, 17. Dezember 1903, S. 515f.

Trotha, Trutz von:
Koloniale Herrschaft. Zur soziologischen Theorie der Staatsentstehung am Beispiel des "Schutzgebietes Togo", Tübingen 1994.

Vietor, Johann Karl:
Geschichtliche und kulturelle Entwickelung unserer Schutzgebiete, Berlin 1913.

Wehler, Hans-Ulrich:
Bismarck und der Imperialismus, Köln 1969.

Weichert, Ludwig:
Das Schulwesen deutscher evangelischer Missionsgesellschaften in den deutschen Kolonien, Berlin 1914.

Westermann, Diedrich:
Deutsche koloniale Bildungsarbeit, in: Schmidt, Franz und Boelitz, Otto (Hrsg.): *Aus deutscher Bildungsarbeit im Auslande. Erlebnisse und Erfahrungen in Selbstzeugnissen aus aller Welt*, Bd. 2, Langensalza 1928, S. 534-542.

Westermann, Diedrich:
Afrikaner erzählen ihr Leben, Essen 1938.

Deutsches Kolonialblatt, Jahrgang 1891.

Deutsches Kolonial-Handbuch, Berlin 1909.

Deutsches Kolonial-Lexikon, Leipzig 1920.

Kleiner Deutscher Kolonialatlas, Berlin 1899.

Verhandlungen des Deutschen Kolonialkongresses 1905, Berlin 1906.

Verhandlungen des Deutschen Kolonialkongresses 1910, Berlin 1910.

Sven Engel

Vom Elend der Postmoderne in der Dritten Welt

Eine Kritik des Post-Development-Ansatzes

ISBN 3-89821-128-2
170 S., Paperback
EURO 25,00

Erhältlich in jeder Buchhandlung oder direkt bei ***ibidem***

Kurzbeschreibung

Postmoderne - Entwicklung - Dritte Welt. In diesem begrifflichen Dreieck bewegt sich das Buch von Sven Engel. Der Autor führt in die Geschichte der Entwicklungstheorie ein, diskutiert die Machtanalytik von Michel Foucault und verfolgt eine kritische Darstellung des Post-Development-Ansatzes, der sich auf postmoderne und poststrukturalistische Theorien bezieht.
Aus Sicht dieses neuen Ansatzes dient der Entwicklungsdiskurs der vergangenen Jahrzehnte als Instrument der Herrschaft über die sogenannte Dritte Welt: Zuschreibungen wie "Entwicklung" und "Wachstum" konstituieren diese Dritte Welt erst und normieren, verwalten und unterdrücken sie. Die Mechanismen von Objektivierung, Professionalisierung und Institutionalisierung in der aktuellen Entwicklungsdebatte spielen dabei die zentrale Rolle der Unterdrückung. "Entwicklung" stellt somit ein diskursiv konstruiertes System der Kontrolle dar, in dem die betroffenen Menschen in den "Entwicklungsländern" gefangen sind.
Widerstand kann in den Vorstellungen von Post-Development nur an den Grenzen dieses Systems gelingen, in der Vielfalt kleiner Alternativen, die an indigene Tradition anknüpfen und für kommunale Besonderheiten und Genderfragen offen sind.
Sven Engel gelingt es, diesen auf den Theorien von Foucault und Lyotard beruhenden Ansatz kritisch darzustellen und in das Umfeld von Postkolonialismus, feministischer Entwicklungskritik und kulturwissenschaftlichen Perspektiven einzuordnen. Er zeigt aber auch auf, wie die Widersprüche des postmodernen Denkens, seine normative Kriterienlosigkeit und die mangelhafte Berücksichtigung materieller Grundlagen auf den Post-Development-Ansatz rückwirken. Das Elend der Postmoderne in der Dritten Welt besteht somit in den politisch fragwürdigen Konsequenzen von einer postmodernen Entwicklungskritik.

Über den Autor

Sven Engel, geboren 1973 in Basel, studierte Politische Wissenschaft an der Freien Universität Berlin. Seit seiner Zivildienstzeit in einem Obdachlosenprojekt in Chicago interessiert er sich für Fragen von Armut, Weltwirtschaft und sozialer Ungerechtigkeit. Den Anstoß zur vorliegenden Arbeit gab seine Mitarbeit bei SWADHINA, eine entwicklungspolitische Grassroots-Initiative in Kalkutta. Wissenschaftlich beschäftigt er sich mit politischen und ökonomischen Theorien, der Kritik von Entwicklungspolitik und den Problemen internationaler Beziehungen.
Zur Zeit arbeitet er für die Fraktion der Vereinigten Europäischen Linken im Europäischen Parlament zu Themen von Migration, Asyl, und europäischer Entwicklungspolitik.

Harald Hahn

Freie Radios als Ort der aktiven Jugend-Medien-Arbeit

ISBN 3-89821-158-4
130 S., Paperback
EURO 19,90

Erhältlich in jeder Buchhandlung oder direkt bei
ibidem

Mit diesem Buch soll ein Einblick in die aktive Jugend-Medien-Arbeit der Freien Radios gegeben werden. Es bietet eine fundierte Grundlage für weiterführende sozialwissenschaftliche Forschungen über Freie Radios sowie für eine auf Selbstbestimmung ausgerichtete aktive Medienarbeit.

Dem Thema wird sich durch die Betrachtung der Entstehungsgeschichte der Freien Radios angenähert. Dies soll zu einem besseren Verständnis dieser Rundfunkstationen führen. Da die Geschichte des Rundfunks auch immer eine Geschichte der Partizipation am Rundfunkwesen ist, skizziert der Autor ausführlich den Kampf der Arbeiter-Radiobewegung für eigene Frequenzen. Einen Kampf, den die Piratensender der neuen sozialen Bewegungen wieder aufnahmen.

Die neuen sozialen Bewegungen entwickelten ein Politikverständnis, in dem Gleichheit, Partizipationsmöglichkeit und Authentizität das Fundament für eine andere Politikform bilden. Diese Ansprüche galten und gelten immer noch für eine alternative Medienproduktion. Inwieweit in den freien, nichtkommerziellen lokalen Radiostationen und ihren Jugendradiogruppen diese Indikatoren verwirklicht werden, ist eine Frage, die in diesem Buch erörtert wird.

Des weiteren werden die Örtlichkeiten der Freien Radios untersucht, weil sie ein wichtiger Bestandteil einer aktiven Jugend-Medien-Arbeit in Freien Radios sind und häufig übersehen wird, wie wichtig der Raum und die Örtlichkeit für pädagogische und politische Prozesse sind. Eine weitere Fragestellung ist, wie die aktive Jugend-Medien-Arbeit in den Freien Radios konkret aussieht und ob sie zur Medienkompetenz beiträgt.

Der Autor:

Photo: Martin Speckmann, 1999

Harald Hahn, Jahrgang 1966, ist freier Radio- und Theatermacher und in neuen sozialen Bewegungen aktiv. Er studierte Pädagogik mit dem Schwerpunkt Medien/Kulturarbeit an der Universität Bielefeld, an der er Lehrbeauftragter für Kulturarbeit ist. Er ist in der Jugend-und Erwachsenenbildung tätig und gibt Theaterworkshops zu den Methoden des "Theater der Unterdrückten" nach Augusto Boal. Außerdem steht er als Kabarettist in dem Programm "Der Zeitungsverkäufer" auf der Bühne und ist Spielleiter der Straßentheatergruppe Piquete in Berlin.

Johannes Rosenstein

Die schwarze Leinwand

Afrikanisches Kino der Gegenwart

ISBN 3-89821-232-7
188 S., Paperback, € 29,90

Erhältlich in jeder Buchhandlung
oder direkt bei

ibidem

Afrika spielt in unserer Mediengesellschaft bisher nur eine marginale Rolle. Dabei zeigen afrikanische Filmemacher in und mit ihren Geschichten, wie lohnenswert es ist, sich auf neue Bilder von Menschen einzulassen.

Anhand über fünfzig aktueller Filme werden in diesem Buch Dramaturgien, Inszenierungen von Zeit und Raum, Charaktere und Personenkonstellationen afrikanischer Filmerzählungen beleuchtet. Dabei liegt ein Schwerpunkt auf der Tradition der mündlichen Überlieferungsformen Afrikas.
Ein großer Teil der Untersuchung widmet sich den bevorzugten Themen afrikanischer Filme. Hier steht die Frage nach der eigenen Identität zwischen Tradition und Moderne im Mittelpunkt.
Exkurse in die politischen, wirtschaftlichen und kulturellen Lebenswirklichkeiten als auch in die historischen Zusammenhänge – insbesondere die Kolonialzeit – runden die Untersuchung ab.

Gerade weil sie sich schnellem Zugriff verweigern, sind afrikanische Filme ein essentieller Bestandteil des Weltkinos: Wir und unsere Bilder aus dem Westen werden da nämlich in Frage gestellt.
Mit der Überlegung, was afrikanisches Kino der Gegenwart sein könnte, betritt diese Arbeit Neuland. Das ist ein Risiko – und eine Chance.

Über den Autor:

Johannes Rosenstein, Jahrgang 1973, hat seine Kindheit in Ostafrika verbracht. Seinen Ersatzdienst leistete er in Brüssel und Paris ab, wo er einen Dokumentarfilm über Aktion Sühnezeichen Friedensdienste e.V. realisierte. Er studierte Filmwissenschaften, Politologie und Soziologie an der Freien Universität Berlin. Seine bisherigen Arbeiten umfassen Kurz- und Dokumentarfilme sowie Drehbücher. Er lebt und arbeitet in Berlin.

Zeitfracht Medien GmbH
Ferdinand-Jühlke-Straße 7
99095 Erfurt, Deutschland
produktsicherheit@kolibri360.de